Urs M. Fiechtner

...und lebendiger als sie alle

Schriften für amnesty international 3
Mit Graphiken von Sergio Vesely

Neuer Verlag Bernhard Bruscha Tübingen 1980

Copyright 1980 by Neuer Verlag Bernhard Bruscha, Tübingen.
Alle Rechte, einschließlich der Herstellung von Photokopien und Mikrofilmen, vom Verlag vorbehalten.
Printed in Germany.
Druck und Verarbeitung: Ebner Ulm
ISBN 3-88233-108-9

*Para los ex-presos politicos
de Argentina en la RFA;*

*– con la certezy, de que algun dia
nosotros bailaremos el Tango en
los bares de Buenos Aires*

Urs M. Fiechtner

... zu diesem Buch

Urs M. Fiechtner, 1955 in Bonn geboren, aufgewachsen in Chile, ist einer der ganz wenigen selbständigen, also „hauptberuflichen" Schriftsteller der jungen Generation. 1976 gründete er in Ulm das deutsch-lateinamerikanische „Autorenkollektiv 79", zu dessen Mitarbeitern auch der in diesem Band als Graphiker auftretende chilenische Exilschriftsteller und Liedermacher Sergio Vesely zählt, und brachte in kürzester Zeit in Zusammenarbeit mit den Kollektivsmitgliedern ein breites Spektrum verschiedenster Publikationen heraus, darunter die Reihe Schriften für amnesty international.

Der vorliegende Band – das bisher dritte Buch dieser Reihe – versucht anders als seine Vorgänger nicht nur, das „ferne" Geschehen politischer Verfolgung, Folter und Haft mit literarischen Mitteln begreifbar zu machen, sondern will gleichzeitig auch Verbindungslinien knüpfen, Zusammenhänge klären zwischen unserer Realität und jener anderen, ebenso realen, jedoch kaum mehr vorstellbaren, in der Folter und Tod keine Zeitungsberichte, sondern Alltagserlebnisse sind.

... und lebendiger als sie alle ist – eine Seltenheit in der deutschen Lyrik – vom Autor als durchgehender, geschlossener Zyklus konzipiert worden.

Im selben Verlag sind bisher erschienen:
Fiechtner, Magiera: an-klagen, Schriften für amnesty international 1,
ISBN 3-88233-100-3
Fiechtner, Magiera, Vesely: Suche nach M., Schriften für ai 2 ISBN 3-88233-101-1
Vesely: Jenseits der Mauern, Überlebens-Lieder aus Chile v. S. Vesely
ISBN 3-88233-106-2
Fiechtner, Vesely: xipe totec, Legenden, Mythen, Märchen der Sonnenvölker Lateinamerikas ISBN 3-88233-1054
Fiechtner, Vesely: Puchuncavi, Theaterstücke aus einem chilenischen
KZ ISBN 3-88233-103-8

Inhalt

I. Whiskey für Pacha Mama 9

II. Paciencia (Geduld) 137

III. Kein Herbst. Dennoch 211

Die Graphiken wurden von Sergio Vesely nach den dazugehörigen Texten gestaltet.

Einzelnen Texten wurden Presseausschnitte aus den Zeitungen FR, SWP, SZ, AZ und Stuttgarter Z. jeweils vom Tag der Textniederschrift beigefügt. Die anderen Faksimiles wurden Publikationen von amnesty international entnommen.

WHISKEY FÜR PACHA MAMA

A l'aurore, armes d'une ardente patience
nous entrerons aux splendides villes

Rimbaud

Vergebliche Einleitungen
1.

manchmal möchte ich
meine zärtlichkeit
auf steine konzentrieren

die still und warm
bleiben in der hand
die nicht verrecken können.

2.

Ich lese Jorge Luis Borges
der einen langen namen trägt
der eine reine lange prosa schreibt

bedrückt von meiner kleinheit
kehre ich an meinen platz zurück

und weil die dichtung
nicht sache der patriarchen ist

fahre ich fort zu schreiben
und widme mit frechem grinsen

mir selbst und jorge luis borges
dieses gedicht.

3.

manchmal entdecke ich
gewisse grenzen

augen ziehen mich
auf den kalten sand
der kreuzwege

meine füße drehen sich
stemmen sich gegen
es gibt
es gibt grenzen
über die man mich
nicht wie auf rolltreppen
aufrechtstehend
stumm
transportieren kann

4.

seit drei stunden
sitze ich jetzt hier
versuche, ein gedicht zu schreiben

es geht nicht
heute abend
ist kein gedicht in der luft
heute abend
bin ich zu nah an deutschland

heute abend ist der weite raum der luft
besetzt von düsenjäger und chemiegeruch

5.

manchmal
weiß ich wirklich nicht mehr
wie es denn weitergehen soll
manchmal
möchte ich aufgeben.

dann
halte ich rücksprache
mit drei freunden:

der ermordete
der suchende
der kämpfende

6.

wir suchen verlorene städte;
das ist alles
was mir zu deinen fragen einfällt

zu deinen reden sage ich:
wir werden die verlorenen städte wiederfinden
werden neue bauen dazu
die mauern der alten städte werden wir schleifen
und ungekannte und fremde orte entdecken

mit deinen hinweisschildern und:
kilometerangaben aber
bleib uns vom leib!

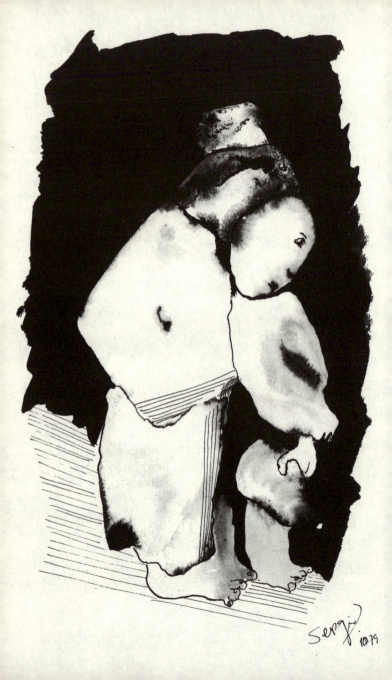

1.

pacha mama
dein schatten kam über die berge
breitröckig
mit hutkrempe und zopf
mit glanzöl im haar
und unendlichen brüsten
am Ancohuma, in Ollantaytambo
und Pachacamac
nichtachtend dein fuß
die zerborstenen steine und staub
breitfüßig
mit hornhaut und stämmigen knöchel
mit mutterfalten im gesicht
und unendlichen brüsten
kommt pacha mama
über die berge zum meer

Angesichts

(Für ein Lied von Silvio Rodriguez
– und für ihn selbst)

Genosse dichter
Angesichts der jüngsten ereignisse
Frage ich
Mit welchen adjektiva
Formalen strukturen
Wir unsre sätze aufs papier
Noch bringen sollen
Um der verzweiflung herr zu werden
Ohne den alten rückzug anzutreten
In die flammigen aufrufe
Die relevanten pamphlete
Die evidenten resolutionen
Frage ich;

Genosse maler
Angesichts der jüngsten ereignisse
Frage ich
Ob wir trotz alledem
Trotz ungläubiger empörung
Trotz der immensen wut im bauch:
Ob wir noch stark genug sind
Die farben zu mischen
Frage ich;

Genosse liedermacher
Angesichts der jüngsten ereignisse
Befrage ich
Den drängenden rythmus der lieder
Ob unser zorn den tanz nicht
In das graue tuch der märsche preßt
Ob trotz alledem
Noch musik ist im wind
Frage ich;

Genosse historiker
Im angesicht der ereignisse
Befrage ich
Die unbestechlichkeit der archive
Ob wir es aufschreiben werden
Wie es tatsächlich geschah
Ob wir nach erklärungen forschen
Oder etiketten verteilen
Ob wir die alten wahrheiten
Zur not auf mauerwände schreiben
Oder ob wir
Entschuldigungen finden
Ausgewogenheiten deuten
Um nicht selbst
Zum gegenstand der mauern
Der archive zu werden
Frage ich;

110 Staaten verletzen Menschenrechte

LONDON (dpa). In 110 Staaten der Welt wurden im vergangenen Jahr die Menschenrechte nach den Feststellungen von „Amnesty International" in irgendeiner Form verletzt oder waren in Gefahr. In dem am Mittwoch vorgelegten Bericht der Menschenrechtsbewegung und Gefangenenhilfsorganisation für 1978 heißt es, Haft aus politischen Gründen, Folter und Hinrichtungen kämen unter Regierungssystemen aller Schattierungen vor. In vielen Staaten Osteuropas und in der Sowjetunion wurden nach Angaben von „Amnesty" Menschen eingesperrt, weil sie ihre Gewissensfreiheiten in einer den Behörden nicht genehmen Art praktizieren wollten. Es stehe zudem zweifelsfrei fest, daß in der UdSSR und in Rumänien Personen aus politischen Gründen zwangsweise in psychiatrische Anstalten eingewiesen würden. In der Bundesrepublik Deutschland hat Amnesty im vergangenen Jahr keine Häftlinge „adoptiert". Die Bewegung betont jedoch, daß angesichts solcher Gesetze wie der „Kontaktsperre" und der Gewaltparagraphen (131, 140 und 88 a im Strafgesetzbuch) „der Respekt für die Menschenrechte einiger Verdächtiger und Angeklagter in zu großem Maß vom Wohlwollen der jeweiligen Regierung und dem Ermessen der Gerichte sowie der Anklagebehörden abhängig" werde. Die Anlegung von „Knebelketten", wie sie bei Mitgliedern der „Bewegung 2. Juni" vorgekommen sei, stelle eine Form von Mißhandlung dar, die unter keinen Umständen gerechtfertigt werden könne. Die Organisation bedauert, daß die Freistellung von Kriegsdienstverweigerern von Gewissensprüfungen wieder rückgängig gemacht wurde.

Genosse papier
Im angesicht der ereignisse
Befrage ich
Die rauhe ehrlichkeit deiner oberfläche
Ob du getreu uns spiegeln wirst
Die worte, lieder, strengen striche
Aus den bitteren nächten
Oder ob du
Die aufbegehrenden punkte
Im abfallkorb verbergen wirst
Oder ob du
Unseren schmerz verbergen wirst
In plakativer, glatter wut.

sen: Präsident Videla, Innenminister General 1, Harguindeguy und an General Suarez Masson. Ich schrieb einen Brief an die Frau des Präsidenten, Dona Raquel de Videla. Ich besuchte persönlich Pater Inaki de Azriuzu und Monsenor Emilio Grasselli. Trotz all dieser Bemühungen weiß ich noch nichts über meine Verwandten oder ihren Verbleib. Diejenigen, die meine Verwandten verhafteten, zogen auch Vorteil aus der Tatsache, daß sie alleine lebten, indem sie die meisten Möbel und anderes Eigentum mitnahmen und nur das Bett und den Eßzimmertisch zurückließen."

Stellvertretend für viele andere Jugendliche stehen die folgenden Fälle:

Adriana GATTI CASAL de REY
(17 Jahre/Uruguayerin)

Juan Angel NUGHES
(14 Jahre)

wurde am 11. August 1976 um 18.00 Uhr von Männern in Zivil verhaftet, als er gerade das Istituto Agropecuario in Ciudad Alberdi, Provinz Tucuman, verließ. Der Schuldirektor ging unmittelbar darauf zur örtlichen Polizeibehörde, um sich zu beschweren und um nach dem Grund der Verhaftung zu fragen. Vom Comisario (leitender Offizier) wurde ihm erklärt, es gebe keinen Anlaß zur Besorgnis: das Untersuchungskomitee der Armee halte den Jungen lediglich fest, um einige Nachforschungen anzustellen. Er werde nach kurzer Zeit freigelassen werden. Es gibt keine Nachrichten mehr von ihm.

Stella Maris MONTESANO de OGANDO

Die 27-jährige Juristin verschwand mit ihrem Ehemann Jorge Oscar Ogando am 16. Dezember 1976 aus ihrer Wohnung in La Plata, Provinz Buenos Aires. Ihr 2. Kind wurde noch im selben Monat erwartet.

Die 17-jährige Tochter des ebenfalls verschwundenen Gewerkschaftsführers Gerardo Gatti verschwand am 8. April 1977. Sie war im 8. Monat schwanger. Ihr Freund war schon am 23. Februar aus der Wohnung seiner Schwester verschwunden.

Bettina TARNOPOLSKY
(15 Jahre)

wurde am 15. Juli 1976 aus dem Haus ihrer Großmutter entführt. Vier andere Mitglieder ihrer Familie sind ebenfalls verschwunden. Weitere Informationen über den Fall von Bettinas Großmutter Rosa Daneman de Edelberg:

... wegen meines vorgerückten Alters, 72 Jahre, habe ich gewöhnlich meine Enkel bei mir, die abwechselnd für eine oder zwei Wochen bei mir

morgen im herbst
I.

wenn der morgen
sachte sich einschleicht
wie ein zeitlupenzug im bahnhof
wenn die luft sich teilt
in schatten und licht

als immer
vergeblich wartender
als immer
vergeblich zeitzählender
als immer
vergeblich ausschau haltender
als immer
liebender

hole ich die letzte zigarette
aus der packung
öffne eine neue flasche rheinwein
zünde die kerze an
obwohl die nacht beendet ist

die nacht ist
nicht
beendet
ihr warmer schatten
folgt mir und folgt mir
mit sternen
und einem warmen mantel

die kerzen haben diese nacht
ihr wachs verloren
die zigaretten ihre asche
die gefäße den feuchten inhalt

und ich
ein paar unwesentliche gedichte

das ist
unsere rollenverteilung
und so
ist es auch gut.

II.

manchmal
schließe ich am morgen die fenster
schreie das glas an
und das unverhinderbare licht
schreie: nein!
fordere
mir die wärme nicht zu nehmen
nicht die täuschungen der nacht.

> III.
> ein jahrhundert der entfernung
> eine kehle mit laut und wort
> ein lied und reiter
> kommen über die hügel
> zerteilen sachte
> die morgennebel
> es ist alles
> ganz behutsam
> ganz nebensächlich
> und unbedeutend

IV.

manchmal frage ich mich
wie ein gedicht entsteht

:

manchmal ist es nur
die selbstläufigkeit
der schreibmaschine
ingang halten inganghalten

nur nicht stehenbleiben
der stille ins gesicht sehen

    V.
    und manchmal
    bin ich einfach
    : schlecht vorbereitet.
    fahre mit
    drittklassscheinen
    durchs leben
    ohne viel nachzudenken
    trotzdem
    VERDAMMTNOCHMAL
    leicht & gedankenlos
    wie ein holzhaus
    am seeufer
    wie ein stück tang
    müde & ausruhend
    am strand

VI.

ich träume mit schlangen
mit seeschlangen
mit meerschlangen
mit bergschlangen
mit höhlenschlangen
mit talschlangen
mit aschenbechern
mit stühlen
mit teppichen
mit kerzenhaltern
mit unterbrecherkontakten
mit scheibenwischern
mit katzenpfoten
mit halstüchern
mit bademänteln
mit geliebten
mit hurensöhnen
mit flipperautomaten
mit besenresten
ich träume mit schlangen

oder sonstwas
ich träume eben
was geh'n dich
meine träume an.

VII.

sanft & bescheiden
fordere ich lauthals
für diesen einen augenblick
dispens
von eurer ernsthaftigkeit
fordre ich
dispens
vom zwang auf dunkelheit
fordre ich
achtung meiner
kurzen, hellen
und vollkommenen
glückseligkeit

seid mir nicht' bös
daß ich aus eurer reihe tanze
morgen komm' ich ja zurück
aber heute
tanz' ich für ein weilchen davon.

ich träume eben;
was geh'n dich
meine Träume an.

Sery 10.79

D-74 Tübingen, 16. Juni 1977
Eduard-Haber-Straße 13

Wir haben heute unsere Tochter
Elisabeth auf dem Lustnauer Friedhof
bestattet. Am 11. Mai 1947 geboren,
am 24. Mai 1977 von Organen der
Militärdiktatur in Buenos Aires ermordet, gab sie ihr Leben für Freiheit
und mehr Gerechtigkeit in einem
von ihr geliebten Lande. Ungebrochen
im Wollen mit ihr einig, tragen wir
unsern Schmerz aus der Kraft Christi
und vergessen nicht durch sie
empfangene Güte und Freude. Denen,
die unserer Tochter und unseres
Leidens gedenken, danken wir von
Herzen.

Margit und Ernst Käsemann

VIII.

(für Beatrice)

Dieses ganz kleine
Unwichtige nebensächliche
Nichts bewegende statische
Inhaltslose nichtssagende

Gedicht

Gehört Dir & mir.

Ist unwichtig
Aber lebendig
Ist unbedeutend
Aber meines.

Bitte
Verbrenn' es nicht.

Es ist mein Gedicht
Und ich liebe es sehr.

2.

pacha mama
liest zeitung

pacha mama blättert
seite um seite um

mit bedächtiger miene

die zeitung liegt
verkehrtherum

mit bedächtiger miene
blättert sie seite um seite

währenddessen schweifen ihre augen
hell & lächelnd
über das land

ich schreibe mit möwenzungen

ich schreibe mit
möwenzungen

mache eine schaukel mir
aus wind

breite meine flügel weit
überm meer

habe einen schnabel mit
lautem gekreisch

mit sabberspeichel und
mit mundgeruch

das gefieder schließlich
mit läusen und schmutz

trotzdem wiegt mich der wind
und grüßt mich mit blinken das meer

wir mögen uns eben.

Vermessungen

1.

weil wir verkauft sind von der dunkelheit
weil die nächte vorübergingen ohne uhr
weil abgeerntet ist über dem strom
weil es kalt ist über den brücken

bleibt uns nichts anderes
als in splendider vermessenheit
die alten fehler neu zu planen
den großen wurf
ein letztes mal zu wagen

oder unterzugehen
in stetigem rückblick
in stiller beklommenheit
in ständiger furcht

2.

erstaunlich
hineingraben und stöbern
in den archäologischen relikten
ganz persönlicher vergangenheit

kreisschau,
reihum, wie verblichene fotos
papiere und intime gegenstände
überflüssige wichtige begleiter übrigbleiben

besser nicht
besser nicht zurückkehren
in den kreis vergangener dinglichkeiten
die plötzlich, unversehens wieder rang erhalten

die träume
nicht umdrehn nach hinten.
nicht sparen auf bessere zeit.
besser drehen und wenden.
den lauf säubern und die feder prüfen.

3.

gleich
kommt es wieder
still dasitzen & warten
wie auf magenkrämpfe
ein recht guter vergleich
wenn auch ein banaler
trotzdem
in kleinen wellen
wie krämpfe eben so sind

: kommt es gleich wieder
still dasitzen & warten
auf den ansturm der wut
die augen zumachen und
warten bis sie vorbei geht
die zähne zusammenbeißen
und
es muß doch noch etwas
übrigbleiben außer der wut
bitter & verzweifelt
die bitterkeit überstehen
+ die verzweiflung
: das wünsche ich mir

Kolumbien – Geschwister in Militärhaft

Eine 19 Jahre alte Krankenschwester, die erst kürzlich von Mitgliedern der Militärstreitkräfte Kolumbiens gefoltert worden war, ist zusammen mit ihrem Bruder verhaftet worden. Beide sind in die »Brigada de Institutos Militares« gebracht worden – ein Ort, der in Zeugenberichten häufig als Folterstätte bezeichnet wird.

Dora Patricia Durán, die für das nationale Rote Kreuz in Kolumbien gearbeitet hat, war im März 1978 in Medellin verhaftet und wegen »Rebellion« von einem Militärgericht zu einem Jahr Gefängnis verurteilt worden. Ihre Familie durfte sie nach der Verhaftung nicht besuchen, wahrscheinlich weil man ihr die Spuren schwerer Folterungen ansehen konnte.

Am 6. April dieses Jahres ist sie genau ein Jahr nach Urteilsspruch freigelassen worden. Nur wenig später, am 15. Mai, wurde sie erneut inhaftiert und soll Berichten zufolge auch wieder gefoltert worden sein. Ende Mai ließ man sie frei, um sie ein paar Tage später wieder zu verhaften, diesmal gemeinsam mit ihrer Mutter.

Die Mutter, Teresa de Durán, beschreibt die jüngste Verhaftung ihrer Tochter folgendermaßen: »Um 5.00 Uhr früh hörte ich heftige Geräusche... das Haus war von Männern umstellt, die alle möglichen Sorten von Waffen mit sich führten. Sie erklärten, sie suchten nach Dora Patricia und Alvaro... Ich umarmte meine Tochter... und sagte den Militärs: »Wenn Sie meine Tochter mitnehmen, komme ich ebenfalls mit«. Sie verbanden uns die Augen und beschimpften uns. Von 7.00 Uhr morgens bis 7.00 Uhr am Abend mußten wir stehen. Wir umarmten einander und weinten. Ich versuchte, ihr Mut zuzusprechen, spürte aber, wie ihre Kräfte nachließen. Dann trennten sie uns brutal... Ich hörte, wie sie schrie, konnte aber nicht sehen, was sie mit ihr machten, da meine Augen verdeckt waren. Es reichte, um einen verrückt zu machen.«

Teresa de Durán wurde später freigelassen. Als sie nach Hause kam, erfuhr sie, daß auch ihr Sohn verhaftet worden war. Er rief sie an und bat um rechtlichen Beistand.

Theresa, die Mutter der beiden Verhafteten.

Wahrscheinlich werden Dora und Alvaro Durán in der »Brigada de Institutos Militares« festgehalten – eine Erklärung für ihre Verhaftung haben die Militärs nicht genannt.

Dora Durán soll an Arthritis, Bronchitis, einem Geschwür und an Nierenschmerzen leiden, hauptsächlich infolge ihrer Mißhandlungen im Gefängnis.

draußen
bricht der mond durch
der mann im dingsda
im : mond
mag zuschauen
durch seine augen
wird alles leichter
gegenstandslos
und weniger brennend

gleich jedenfalls
bin ich wieder soweit
gleich habe ich
erfolgreich ertränkt
die wut/verzweiflung/bitterkeit
in einem mantel aus gelächter

wahlweise
einer flasche guten alkohols
das nämlich
: kommt drauf an

auf die verzweiflung
und die wut

die bitterkeit nicht gerechnet
der ist
mit allen flaschen
ohnehin nicht beizukommen

4.

heute abend will ich
weil weihnachten ist und überhaupt
den alten traditionen der dichtkunst
den tiefen regeln der poesie
den eklatanten metaphorismen der strukturen
widersprechen

heute abend, zumindest,
will ich selbst
der tradierte kunstdichter
der poetische regler
der eklatant strukturierte metaphoriker
nicht die poesie
in den vordergrund stellen
(die kollegen werden mir verzeihen)
also: nicht die poesie
in den
      vordergrund
stellen.
sondern:
      dich.
wie geht es dir
was spürst du zwischen diesen zeilen
wo bist du heute und warum
weshalb, zum teufel,
liest du poesie
statt selber sie zu schreiben
überläßt das dichten
den dichtern

was ist nur in dich gefahren
daß du die kunst
den künstlern überläßt
(was werden wir machen, mit ihr,
der kunst?
notorische notzüchter sind wir;)
ich frage:
hat sie das verdient
die kunst
deine haut, du
überläßt ihre verwundbarkeit
den politikern
überläßt ihre wärme
den künstlern
hat sie das verdient
deine haut

aber das frage ich nur
weil heute weihnachten ist
und überhaupt

5.

mitten im sprung
von klippe zu festland
oder umgekehrt

bin ich festgehalten in der luft
und falle nicht
und komme nicht hinüber
ich bin im sprung
und bin doch festgewachsen

Dort. Lehrjahre

I

In dieser Stadt
Die eingezäunt war
Vom eis der letzten winter
Dort habe ich gelernt
Mit wärme meine haut zu decken
Umherzugehen in den feuchten nebeln
Oder am morgen, wenn
Die sonne frisch und ohne hitze ist
Das lied der obstverkäufer
Mit meinem körper aufzunehmen

Bis heute habe ich
Das singen nicht verlernt
Doch habe keine wärme mehr
Um meine haut zu bergen
Ich singe mir ein Lied allein
In der stille unsrer straßen
Die ohne stimmen sind
Der nahrungsvorrat für die körper
Ist verbraucht, die luxuriösen reste
Reserviert für mastdarm und bauch

In der tasche trage ich
Das gesicht der unsichtbaren
Eine alte fahne und ein transparent
Die noch die träume tragen
Aus der andren zeit und stadt
Führe mit mir ein hemd
Mit einschußloch und trockendunklem blut
Von einem jungen mädchen
Verberge in brieftaschen
Den verrat der väter und schwestern

In dieser stadt
Zwischen den hügeln und falten im land
Waren freunde und
Unser lied war hell und fern
Auf pflastersteinen
Haben unsre füße sich
Trotz alledem die spur geschaffen
Gefolgt ist mir
Die stimme eines todes
Der mich umfängt mit fremden worten

Und dort war haß und
Beschämung und zugleich
Wie oft habe ich mir
Anstelle der abfedernden worte
Den tod
Die tausendfachen kugeltaschen
Gewünscht

Wie oft haben die hände sich

Wie oft

Asylsuchende ausgeliefert

SANTIAGO DE CHILE, 30. November (epd). Der kanadische Botschafter in Chile, Glenn Buick, hat — wie erst jetzt bekannt wurde — am Mittwoch zwei Personen, die in der Botschaft um politisches Asyl nachgesucht hatten, an die chilenische Polizei ausgeliefert. Vor der Presse begründete Buick seinen Schritt damit, daß es zwischen seinem Land und Chile kein Abkommen über Asyl gebe. Deshalb existiere das politische Asyl „nach dem Gesetz" für ihn nicht.

Bei den Festgenommenen handelt es sich um Reinaldo Malles Alvarez und Gustavo Cornejo Pavez, die im Zusammenhang mit einem Überfall auf einen Supermarkt in Santiago gesucht wurden. Den Anschlag schreibt man der verbotenen „Bewegung der Revolutionären Linken" (MIR) zu.

II

dort trug farben der sand
dort zeichneten fußspuren
kleine krater in die ferne
zwischen den dünen
wuchs flimmerndes gestrüpp
dort kam der abend
auf möwenflügeln
über die hügel zum meer

dort liebte ich
zum ersten mal
ein dunkles mädchen
das ich nie sah
und deren bild ich immer
mit mir trug
bis wir uns
als strandgut trafen im exil

das alles ist nicht tot
wieviele kugeln auch
die luft durchlöchern
das blau des himmels
wird trotzdem nicht ausfließen
die körper der freunde haben
das meer trotz allem nicht
austrocknen können

dort kommt der abend
auf möwenflügeln
über die hügel zum meer
dort wird flimmerndes gestrüpp
in dünenfalten wachsen
in felsspalte und sand
sind fahne & flugblatt verborgen
lauern puma & skorpion

III.

dort lernte ich
von der dunklen haut des schweigens
hatte freunde unter nebelstreifen
und im unterholz einsamer stämme
trug in meinen taschen
einen tabaksbeutel voller wut
die bescheidene wut
flimmernder tage
und einer unsicheren geduld

es gibt tage
da kehre ich müde zurück

stumpf von asphalt
und fremder theke

verloren zwischen
aufbruch & geduld
zwischen hastigen tagen
und aufbegehrendem stolz
verwundet von verborgener bitterkeit
und der erinnerung an wald und feld
an tote freunde & überlebende mörder
versuche fenster in die stille zu schneiden
und habe dazugelernt:

IV.

Niemals zuvor
hatten wir weniger Grund
zu träumen

Niemals zuvor
hatten wir weniger Recht
das Träumen aufzugeben

(ohne Titel)

jetzt lasse ich
den meerschaum verschwinden
bekenne den plastikgehalt
meiner buntmetalle
jetzt wird es zeit
das fell zu rupfen
bis nur noch nacktes leder ist
wo früher ornamente waren
wo heute striemen sichtbar sind

aus falschem silber ist
die rüstung über zerschundener haut

spielerische wellen tanzen
üer den raum der ertrinkenden

hinter dem lächeln
sammeln sich felder
schmerzender Steine

Nachruf

I.

Ich will einen Nachruf schreiben
und weiß nicht
was ich schreiben soll

Wo sich die Liebespaare treffen
im Park der großen Stadt

fällt ein Mann
der Polizist dreht mit dem Fuß
den Leichnam auf die andre Seite
drückt nochmal ab
drückt nochmal ab
in das Gesicht

rote Blumen wachsen
auf seinem Körper
rote Spuren bleiben
im Park der großen Stadt
wo sich die Liebespaare treffen

hinter den Streifenwagen
stehen noch andere
die Fäuste verkrampft
hinter den Streifenwagen
stehen noch andere
die aufbegehren werden

II.

der zehnte jahrestag.
nichts ist abgesplittert von der wut.
als panzer kamen.
als jan palach starb.
nichts ist so bitter
wie die exekution der hoffnung
mittendrin im morgenrot.

und alle reden
von dem zehnten jahrestag.
die zeitungen
sind voll davon.

und, verdammtnochmal
in keiner zeitung
keiner rede
finde ich das wort
vom bonner frühling
vom washingtoner frühling

vom pekinger frühling
vom sautiaguiner frühling
vom mai in paris
auf barbados und den faröern
in delhi und canberra
quebec und rio
london, kopenhagen, tokio, rom
kein wort
kein wort
prag wurde zur stadt der panzer.
was wurde aus berlin?
shanghai, new york?
was wurde aus den städten
den ländern
was wurde aus den kombattanten

der Politist
drückt nochmal ab
drückt nochmal ab
in das Gesicht

der zehnte jahrestag.
nichts ist abgesplittert von der wut.
als jan starb und benno und roy
und maria und haiku und françoise und
als alle starben.
nichts ist so bitter
wie die exekution der hoffnung
mittendrin im frühling.

III.

wenn es winter geworden ist
bleiben gedichte ohne anfang
und zwingende interpunktion
sind wir mit schneeräumen
vollendet ausgelastet

wenn die luft stillsteht
mit seitwärts gedrehtem auge
wie pferde, ruhig und doch
anwesend
wenn die bäume kristallin
gekleidet sind
mit farben von weiß und
verhaltener bewegung
pfefferminzstill die wiesen
dazwischen feldweg und
gefrorener bach
mit kleiner brücke und
fußstapfen im schnee
vom bauernhof bellen die hunde
die stimmen gezügelt
von einem mantel aus schnee
mit
eindeutigen ausbeulungen
in den achseln der bäume
in der tasche des fuchsbaues

FLUG IN DEN TOD

Die Erinnerung an diese Ueberführungen lässt unsere Freunde erschauern: "Es ist etwas vom Schlimmsten, was es gibt. Sie dienen der Eliminierung eines Teils der Gefangenen: Unter dem Vorwand eines Fluchtversuchs wird einfach geschossen. Die Uebriggebliebenen werden in einem Militärflugzeug zusammengepfercht und während des ganzen Flugs brutal geschlagen. Bei der Ankunft sind alle Gefangenen krank; sie erbrechen Blut, haben kaputte Glieder, verletzte Körper... und es geht weiter, immer weiter mit der Quälerei."

(Auszug aus einem Interview der IGA mit argentinischen Flüchtlingen.)

wenn es winter geworden ist
brechen vereiste äste ohne widerstand
beschränken korrekturen sich
auf die genormten horizonte
von schnellstraße & bürgersteig

durch den wald
führen striemen
von statischen peitschen
aus strom und asphalt

: die nahen entfernungen
unter den bäumen und himmel und strauch
geben den wäldern zum tag
ruhig duldende würde

zur nacht
bitter abwartende bedrohung.

IV.

wirklich da hat die zeitung
über ihr leben berichtet als
sie endlich verreckt war
als sie sich in der toilette
im hauptbahnhof die fixe ein
letztes mal zuviel in den
arm gerammt hat und dabei
eben draufging was kann die
zeitung schon dafür ihr tod
hat immerhin ihr leben inte
ressant gemacht darum hat die
zeitung auch so gut darüber
berichtet über das mädchen
mit dem schönen leib das als
hure herumstrich um sich die
knete für den stoff zu holen
und dabei wunderschöne
bilder malte ich aber seh
ihr bild in der zeitung
und frage nach schul
digen und finde so
viele und keine und
schließlich bleibe
nur ich selbst übrig
jetzt ist es zu
spät man weiß
immer wann es
zu spät ist
aber nie wann
noch zeit ge
blieben
wäre
und dabei war sie so gottverdammt jung
und dabei war sie so gottverdammt jung
und dabei war sie so gottverdammt jung

... vermutlich eine Überdosis Heroin injiziert.

Damit hat sich, wie die Stuttgarter Staatsanwaltschaft und die Kriminalpolizei am Donnerstag mitteilten, die Zahl der Heroinopfer im Zuständigkeitsbezirk der Staatsanwaltschaft in diesem Jahr auf zwölf erhöht. Allein in Stuttgart starben vier Menschen infolge von Rauschgifteinwirkungen.

Außerdem wurden in den vergangenen acht Tagen fünf junge Männer und Frauen im Alter zwischen 19 und 24 Jahren, die sich eine Überdosis Heroin gespritzt hatten, in lebensbedrohendem Zustand in Krankenhäuser gebracht. sic

V.

weil die deiche gebrochen sind
zerbröckelt fortgespült sind
breitet sich mit souveränem gang
breitet sich mit amöbengang

marschland sumpf
über die felder

weil die stürme gebrochen sind
verweht vergangen sind
kommt mit souveränem gang
der herbst.

> bei trockenlegung der sümpfe
> hielten die techniker
> reiche ernte unter
> pflanzen bäumen tieren
>
> der boden blieb
> und bleibt und schmeckt
> nach veronal diskothek
> stammtisch selbstmord
>
> der boden bleibt
> wird bleiben und riechen
> nach beton schlafstadt
> supermarkt neonlicht

der zerstörte boden
hat noch humus für irgendetwas
ungekanntes bedrohliches
fremdes grausames

der helle widerstand zerbrach
an unangreifbaren amöben
an ihren erstickenden gliedern
an souveräner tödlichkeit

amöbensöhne amöbentöchter
fanden zuflucht im humus
noch wandern sie nach unten
immer tiefer in bergende schatten

irgendwann
wird sie irgendwas
zur umkehr zwingen
irgendwann
kehren die verfolgten zurück
noch glühend von lavagestein
die grausamkeit der verfolger
übertreffend
die schatten langer jahre
in ihrem gepäck.

will nicht so tun
als wär alles beim alten
gewiß
hat sich einiges verändert
früher
da brauchte man
noch einen grund zum sterben
noch einen grund
das veronal zu schlucken
von der brücke zu springen

heute brauchen wir
keinen grund mehr dazu
das keinen-grund-brauchen
ist unser grund

ich will die grenze kennen
die grenze bis zu der
wir unsre wahrheit leben müssen
welche grenze ist uns gesteckt
und welche dürfen wir uns selbst setzen

Nebenbei bemerkt

die bitterkeit der alten tage
läßt sich so leicht nicht schlucken
kommt wieder hoch
mit säure an der gaumenwand
steigt in die nase
in die kiefernhöhlen
du spuckst sie aus
und doch bleibt sie hängen
bleibt hängen
an dir
und deinen bewegungen
bleibt hängen im blick
der anderen
die wie sensible tiere
den fremden wittern
und bellen mit verhangenen augen

    was wird einst sein mit uns
    ich frage immer wieder meine hände
    meinen körper
    meine haut
    und taste an den innereien
    und kaum ein abend, eine nacht
    in der ich nicht die gläser mische
    der freund der feuchten träume ist mir gut
    zumindest meistens

manchmal aber
krieg ich allein den schweren kopf
den nachgeschmack vorn an der zunge
immerhin kämpfe ich
meinen körper langsam nieder
ich will doch wissen wo ich bleibe
wenn ich die heimat nicht mehr hab
aus den bunten wänden meines körpers

abes ist an der zeit
dies gedicht zu beenden
es könnte sich ganz bös'
verselbstständigen

3.

pacha mama
treibt ein lama über die berge
das lama trägt nicht ihre last
es soll nicht geschoren werden
keiner wird das fleisch des lamas fressen

pacha mama treibt das lama
zu neuen weiden

pacha mama
treibt ein lama über die berge

Vorspiel

I.

wenn der tag kommt
geht der tod auf
unbestimmten fäden
halten nachtfalter sich
an speichelstalaktiten
beugt sich das gras
unter dem schlag
der helligkeit
bleiben meine
hochfahrenden gespinste
begraben unter
staub und trunkenheit

wenn der tag kommt
flüchten eidechsen auf
kondensierten spuren
klettern fliegen über hände
dreht sich das feste inventar der welt
um unbestimmte gedichte
um einen laubhaufen
nächtlicher niederlagen

II.

wenn die nacht kommt
streife ich meine haut
aus überlegenen zwirnknoten ab
schmecke ich tief hinten im hals
den unzweifelhaften
den skrupellosen duft
der nachtfeigen
umhalsen meine augen
den feinen streif der dunkelheit
löse ich meine eingeweide
in der salzigen säure der luft

wenn die nacht kommt
wird alles anders
wandern die schatten umflossen
von lichtgespinst hinab
in tiefergelegene räume
fühle ich schatten und licht
auf zärtlichen sohlen
fühle ich geglättete oberflächen
in den rissen meiner schultern
berge ich fliehende falter
in der ruhe meiner hand

III.

wenn die nacht kommt
ist es zeit, ein lied zu schreiben über die musik
es ist die zeit, in freien rhythmen
die dichtung zu verhöhnen und ein lied zu singen
und abzuhauen mit dem warmen fluß der klänge
und abzubrechen,
jetzt,

abstürzen und
den aufschlag der körper
im eigenen gedärm spüren
mit eigener hand
sich blutig reißen
im kreisenden gewebe
aus knüppelschlag und wort

jetzt geh, mein freund,
die zeit war da und ist vergangen
sie hat uns einmal zugelächelt
nur um die türen fester noch zu schließen
jetzt ist es gut
verschließ den mund

    (ich bin ein schlechter/plattenspieler/
    schon etwas ausgeleiert sind/die knöpfe/
    und mach mir kein gewissen draus/
    mittendrin aufzuhören)

Der Streik

I.

es gibt einen von der Art
die nicht Aufruhr ist
den ohne bewegung und leben
mit dem geschmack
des erkalteten aschenbechers
in meinem zimmer wenn
der ofen ausgegangen ist
und die nacht noch nicht vorbei
den der müdigkeit
wenn zu den widerworten
nur genickt wird und
kein mund sich mehr verzerrt
in wütender sprache
oder bitterem wort

wenn die aschenbecher erkalten
bleibt kein platz mehr
für die glut

aber das
haben wir auch schon vorher gewußt

Das ist nicht dunkles Mittelalter, sondern Folter der Siebziger Jahre:

● Zum Beispiel in Südafrika:
S. D. wurde Ende März 1976 in Bulwer verhaftet. "Während des Verhörs zwang man mich, an der Wand auf den Zehen zu stehen und auf der Stelle zu laufen; man befahl mir, die Schuhe auszuziehen. Zondi brachte Kies, der in meine Schuhe geschüttet wurde. Ich wurde gezwungen, sie anzuziehen und zu stehen. Sie schlugen mich in die Kniekehle, sie schlugen mir auf den Rücken und in die Seite und zwangen mich, an der Wand auf den Zehen in den kiesgefüllten Schuhen zu stehen. Wenn ich niederfiel, hoben sie mich auf und schlugen meinen Kopf gegen die Wand."

Aus: Verfolgung der Kirche in El Salvador. amnesty international, 1979

● zum Beispiel in der Sowjetunion:
"Nachdem ich mich beschwert hatte, begann man mir Aminasin-Injektionen in der Höchstdosierung zu geben. Vom 19. Januar an erhielt ich zweimal täglich zwei Haloperidol-Tabletten. Dieses Medikament macht mich elender als ich mich je gefühlt habe; kaum legst du dich nieder, möchtest du aufstehen, kaum machst du einen Schritt, möchtest du dich niedersetzen, und wenn du sitzt, möchtest du wieder gehen - aber du kannst nirgendwo umhergehen."

● zum Beispiel in Paraguay:
"N.N. ist Arbeiterin. Sie ist jung, zwischen 25 und 26 Jahre alt. Sie verhafteten sie am 17. August 1976. Am 25. August wurde sie gesehen, als man sie auf einer Tragbahre aus dem Departemento de Investigaciones, wo politische Gefangene gefoltert werden, fortbrachte. Ihr Bauch war angeschwollen als Folge der großen Mengen an Wasser, die sie während der Pileta (Anm.: Eintauchen des Opfers in eine mit Schmutz und Exkrementen gefüllte Badewanne bis zur Bewußtlosigkeit) geschluckt hatte. Hierbei handelt es sich um die gebräuchlichste Methode der Folter, ebenso wie Elektro-Schocks an den empfindlichen Körperstellen. Es war gesehen worden, daß ihre Hände blutbefleckt waren."

II.

eigentlich hat nie
irgend jemand
irgend etwas verschwiegen

eigentlich
waren immer genug von uns da
das maul aufgemacht und
gesprochen

eigentlich wurde
immer
alles gesagt

aber nur die anderen
haben gelernt
wie man hörer findet

III.

wenn es
in meinem zimmer
zu dunkel wird und zu eng
wenn der staub mich
husten macht
und die abfallkörbe überquellen

    öffne ich mein fenster
    grinse ins licht
    und lade die sonne
    zum frühstück ein

    so einfach können
    revolutionen beginnen

4.

es muß gesagt werden
daß der rote claus
ehemaliger bildungsbürger
aus schwabing
mit bohèmebarett
und kulturbegriff
mit proletarierhänden
(aber kultiviert)
mit offenem hemd über der hose
und sogar ein dichter
in seiner traumhütte
am ancohuma
des morgens
wenn er frühstückt
einen löffel müsli
auf den boden gibt
um

pacha mama zu füttern

allein
es muß auch gesagt werden
: pacha mama
mag gar kein müsli.

der rote claus
würde für sein leben gern
an pacha mamas breiten brüsten schlafen
aber
ob sie müsli mag
das hat er noch nie gefragt

Tristeza

bon soir, tristesse
und gute nacht
schlaf ein und träume mir
von fernen zeiten
der wein hat mir in dieser nacht
die dunklen träume abgewaschen

der morgen wartet hinter den hügeln
das gras wird wachsen
und ungewiß sind meine spuren
was morgen ist
darf nicht so wichtig sein
bon soir, tristesse.

bon soir tristesse..

Sergio 10.15

Fundamente

I.

ist so lange her
daß wir zusammen waren
dramatisch und laut
die sonne teilten auf den straßen

ist so lange her,
daß wir zusammen waren
den feuchten hals der weinflaschen
wie küsse weitergaben

es war ein irrtum, damals,
fest auf unserem boden zu stehen
fest auf einem boden zu stehen
ist ein betrug des bodens, heute.

II.

ich biete blaue kreise an
mit weiten augen
lege ich
       tumult
in die luft
lege ich
       chaotische ruhe
in die gewässer
hinterlistig

lege ich
mit weiten augen
öffnungen in die ferne
mit weiten augen
aus dunkelheit

die entfernung zeichnet deine nähe
deine abwesenheit
tasten meine hände
nach spuren ab
reiben sich wund
an warzen jeden ursprungs
rosa und zerklüftet
malen sie schwielen
in fremde linien

ein guter ersatz
ist dein feuchter mund
für die
       feuchte erde
die verloren ist

lieber herr literaturkritiker
mit begeisterung habe ich soeben
die rezension meines jüngsten poems gelesen
so sehr ich ihre lobenden worte schätze
drängt es mich doch ihnen nachricht zu geben
daß ich das selbige poem
im zustand hemmungsloser trunkenheit verfaßte
und selbst nicht mehr weiß was drinsteht
ich danke ihnen dennoch für ihren artikel
der so filigran auf meine sensiblen strukturen einging
an denen ich nach ihrer analyse
mindestens zweieinhalb jahre komponierte
es waren zwar nur zwei stunden
die ich am bettrost eines billigen bordells verbrachte
das wirklich ausgesprochen billig war
aber über zuckerrohrschnaps
zwei bewunderungswürdige schenkel
und eine schreibmaschine verfügte
ich weiß wirklich nicht mehr was drinstand
aber es war nach ihren worten ohne zweifel
ein großartiges poem
allerdings ging es mir wirklich nicht um astrale arithmetik
wie sie so feinsinnig ausführten
sondern einzig und allein
um vier flaschen zuckerrohrschnaps
und zwei bewunderungswürdige schenkel.

Und Basis (1.-7.)

schon seit langem
ist es mir in gesellschaft
nicht mehr so wohl

dann und wann spüre ich
daß es bei meiner anwesenheit
der gesellschaft nicht so wohl ist

so ist es gut.

5.
in den hohen fels
in den steinzirkel der fluchtburg
in die zerfallenen tore
von macchu picchu
wandert mit souveränem krach
mit blitzlicht
und fingern durchs aufbegehrende haar
wandern helikopterhornissen
mit staubkorn an der bügelfalte
und wichtigem quäken
aus antennen und brusttaschen
verheddern sich mikrophonkabel
im eifer der dolmetscher
und dem expertenfingerzeig
der kommentatoren ein
komplettes bundeskanzleramt
beweist die unterlegenheit
heiliger stätten
gegenüber funktionellen bügelfalten
anerkennend lobt
ein komplettes bundeskanzleramt
die zivilisatorische leistung
des zerstobenen volkes
und
damit das komplette bundeskanzleramt
auch platz finde
in der fremden stadt
hat schon stunden zuvor
eine komplette hundertschaft
der nationalgarde
mit poliertem helm
mit antenne und bügelfalte
die stadt souverän verteidigt
gegen indianische zaungäste

zu der
sonnenfunkelnden feldflasche
dezent aus rocktasche
mit bestem scotch
tritt eifrig lächelnder dolmetscher
sagt es wäre so sitte
von jeder flasche einen schluck
für pacha mama
zu boden zu geben
ich weiß zwar nicht
wer die gute frau ist
sagt das bundeskanzleramt
und gießt unter gesammeltem gelächter
einen schluck gen boden
aber andere länder andere sitten
fügt das komplette bundeskanzleramt
hinzu

S.

von einschußlöchern umgedreht
seit langer zeit
aus einschußlöchern ist
der gute alte saft geflossen
hat platz gemacht
kieloben schwimmenden fischen

metallteile regenschirme
säumen die ufer

daneben immer wieder
lange haare im wind

die augen halb geschlossen
hände neben den hüften
das schöne mädchen steht
gegen den wind
gegen den wind
am fluß

trotz allem irgendwie
den kopf gesenkt
nach innen

ich halte den wagen
am ufer der straße
schalte das radio aus

ob sie eine arbeit hat
lehrstelle oder
immerhin arbeitslosengeld

lange Haare
im Wind
das schöne Mädchen
steht

gegen den Wind
am Fluß

Sergio 10.7.

oder anderes
wie aber träumt man
am ufer deutscher flüsse
aufgeschlagenes glanzpapier
mit modetips und frisurfragen
mit kieloben schwimmendem fisch

geht mich nichts an
das radio hochdreh'n

und die fenster schließen
wie könnte ich ihr helfen

und warum sollte ich
wer wüßte schon
ob sie es ist
die hilfe braucht
wer kann gesenkte köpfe
ungeschehen machen

der traumvorrat ist aufgebraucht
ich weiß wohin sie gehen wird
und werde sie nicht hindern

kann sie bestenfalls
begleiten
zum fluß.

Widerstände

I.

wie oft wechsle ich
namen und gesicht
wie oft die kleider
die mich bergen
oder denunzieren
wieviele habe ich verlassen
und wer wird als nächster
von mir gehen
wieviele sind gestorben
wieviele einfach
verlorengegangen
wie ein regenschirm oder portemonnaie
wie ein flüchtiger gedanke
wieviele haben ihre gesichter und hände
zurückgelassen in meiner wut

wie oft hat man mir zugeredet
die vernunft anzunehmen
mit ihr die vorsicht
und die geflüsterten worte
die vorgehaltenen hände
und die demut im blick

wir sind nicht allein
ein wenig voraus auf den spuren
zeichnet die wut
ihre paraphen in den sand

wir haben zeit
geduld wie die muscheln im meer
die sich öffnen und schließen
wie seetang und welle

einmal
    treibt der wind
die wellen gegen den strand
aus den dunklen häusern werden wir kommen
aus den wäldern, aus städten und feld.

6.

über pacha mama
zieht souverän ein flugzeug
kondensstreifen über die himmel

es trägt soldatenuniform
mit zusammengestrichenen augen
und englisch im kehlkopfmikrophon

mit bedeutenden zahlentabellen
zielkoordinaten und einem vollausgebildeten
navigator einschließlich computertraining

die bodenstation
vergibt planquadrate wie schachfelder
scharfhirnige anweisungen

als frucht langjähriger
intelligenzarbeit eines
vollzähligen generalstabes

unter dem flugzeug
liegt lächelnd pacha mama im gras
einen halm spielend zwischen den lippen

wenn der kondensstreifen vergangen ist
kommt bewegung in pacha mamas röcke
kriechen körper hervor und rostiges metall

a u f   i m m e r , grinst Ernesto
winkend macht sich der trupp davon
wenn der kondensstreifen vergangen ist

II. (für O.P. Bolivièn, 1.9.1978)

die zeitung brachte mir
die nachricht deiner verhaftung
die erfahrungen sagen mir
daß diese nachricht gleichbedeutend ist
mit tod

darum schreibe ich heute
an einem tag in deinem
trotz alledem noch vorhandenen leben
die nachricht deines todes

bist gestorben (wirst sterben)
im bolivianischen feld
einer zelle geweißelt kalkig karg
irgendwo eben
was sollen ortsbeschreibungen

was sollen todesbeschreibungen
der tod ist sich selbst
immer gleich

was sind vergangenheitsbeschreibungen
mit deiner form von politik
stimme ich nicht überein
und doch
habe ich mehr hochachtung vor dir
als vor meiner gesinnung

und das alles schreibe ich
zu einer stunde die
vielleicht deine (unsere) letzte ist
die stunde nach der hinrichtung vielleicht
(irgendeine stunde eben)
kann dir heute nicht helfen
und werde dir doch eines tages helfen können
für diese zukunft
danke ich dir
(daß ich mich nicht abfinde/daß viele
sich nicht abfinden werden)
dafür danke ich dir.

III.

ich hab' ein zimmer
irgendwo im land
und manchmal wenn die nacht
durch meine fenster kommt
und sich die luft
mit meinen kerzen teilt
siehts bei mir
sogar festlich aus

ich fahr mit bummelzügen
über land
und fahre gern
mit hühnern und mit bauernkäse
in einer ecke sitze ich
und schreibe
durchgeschüttelte gedichte
an ein mädchen
an landschaften aus schnee und frühling
und lege meine stiefel
auf den sitz
und wenn ich selber
hinterm steuer sitze
und meine kurven ziehe über land
geben mir fremde mädchen
ein lächeln auf den weg

auf meinem schreibtisch mit drei beinen
steht eine flasche wein
in langen nächten häufe ich
papier drumrum
auf meiner fahrt begleiten mich
fahrscheine dritter klasse
oder per anhalter
begleiten mich andere
auf meinen straßen finde ich ermordete
die weiterleben werden
im asphalt
auf schotterstraßen oder
im weiten band der bäume.

IV.

es macht nichts
gegen ein massiertes lächeln
treten ernste gesichter an
die waffen sind ungleich verteilt
unter ihren füßen
wandeln lächelnde gesichter sich
in aufgebrochene pflastersteine
die ernsten gesichter
tragen plastikschilde, tragen knüppel
es macht nichts
wir brechen die erde auf
auf diesem pflaster ging unser fuß
weiche stiefel, sandalen
barfüßig die einen
fußlos die anderen

brechen wir die erde auf
sie schenkt uns pflastersteine
gegen knüppel
läßt rotblumen wachsen
auf ernsten gesichtern
wir tragen keine waffen
die erde schenkt sie uns
wächst uns entgegen
bietet pflastersteine an
bietet rotblumen an
auf ernsten gesichtern;
betrügt uns heimlich;
auf unseren gesichtern
kann das lächeln nicht wachsen
nur sich verteidigen
als grimasse

aber es macht nichts
der knüppel trifft dich & mich
wen aber trifft der pflasterstein
der trifft manchen und keinen
der trifft irgendeinen
aber es macht nichts

Aber es macht nichts (1.)

es ist kein andres schweigen mehr
als das von gitterstab und mauer

es ist keine andere ruhe mehr
als die vor stacheldraht und knebel

es ist keine andere stille mehr
als die über kellergang und kette

es ist keine andere zurückhaltung mehr
als die der zustimmung.

Aber es macht nichts (2.)

.

      vielleicht ist noch nicht alles zu ende
vielleicht findet sich noch störrisches gestrüpp im park
      vielleicht ist noch musik im wind
vielleicht ist noch nicht alles zu ende

.

wolinski, großer freund
deine unerbittlich feinen federstriche
hingestrichelt & geworfen

war nichts weiter da
als ein paar füße, ausgestreckt
die unterschenkel verschwimmend im nirgendwo
davor ein mädchen im kinderkleid
strähnig die haare fallend
′   (nicht lockig mit bekannter attitüde)
die arme nackt und hängend
     (die hände nicht geballt, gekrampft)
mit ein paar strichen

mit ein paar strichen
bescheiden, schmerzend
die nackten füße stehen
vor den nackt liegenden füßen des vaters

schwarzweiß, nichtmal ein schatten.
mehr farben trug das ganze bild
als ein kompletter regenbogen.

.

siné, großer freund
aus dem unverschämt lächelnden gesicht
mit frecher zärtlichkeit und schnurrbart
mit großen augen
mit barbarennase
: wächst wild und frei die faust

Aber es macht nichts (3.)

weil der sand
in erstaunlichsten winkeln
säuberungen übersteht

weil die luft
trotz schwefel und pest
brände ernährt

weil die gefängnisse
trotz gitterstab und mauer
aufzubrechen sind

weil die lieder
in überraschenden kleidern
nicht auszurotten sind

weil die kleinsten schritte
nur für den aufgebenden
stillstand sind

entschuldigen wir die zuschauend schweigenden
nicht mit verständlicher verzweiflung
sondern beschuldigen sie
unverzeihlicher mittäterschaft

Pablo, anwesend.

pablo neruda, presente
da war einer
erhielt preise und namen
und sprach mit fistelstimme

pablo neruda, presente
das volk steht um das grab
verweigert dem tod die reverenz
fordert wütend das leben

und da ist einer
der ist mehr als preis und namen
der ist gesicht geworden
der spricht mit ernster stimme

das volk steht um das grab
verändert die dichtung des dichters
und fügt ein größeres gedicht hinzu:
pablo neruda, PRESENTE!

Unterwegs

I.

Der Dichter hütet den Schlaf

Mit zerrissener Hose
Mit brüchigem Hemd
Auf endloser Reise
Auf gekräuseltem Land
Mit frierenden Händen

Hütet der Dichter den Schlaf

mit zerrissener Hose
mit brüchigem Hemd
Auf endloser Reise
der Dichter
hütet
den Schlaf

UdSSR – Schwerkranke Gefangene im Lager

Der 42jährige Orientalist Igor OGURTSOV befindet sich in schwerkrankem Zustand in einer Besserungsarbeitskolonie in der Sowjetunion.

Er hat bereits zwölf Jahre Haft hinter sich. Wegen »Verrats« und »anti-sowjetischer Agitation und Propaganda« verbüßt er eine 15jährige Haftstrafe mit anschließenden 5 Jahren Exil.

Igor Ogurtsov ist 1976 wegen seiner Aktivitäten als Führer einer politischen Gruppe in Leningrad verhaftet worden. Die ersten sieben Jahren seiner Inhaftierung verbrachte er im Wladimir-Gefängnis, das für seine strengen Haftbedingungen bekannt ist.

Ogurtsov verbüßt eine der längsten Haftstrafen, die nach Kenntnis von ai jemals gegen einen politischen Häftling in der UdSSR verhängt wurden. Wegen der überaus strengen Haftbedingungen fürchtet amnesty international der Dauer der Haftzeit für die Gesundheit des Gefangenen. Die Häftlinge werden permanent unterernährt gehalten, erfahren nur geringe medizinische Betreuung und unterliegen schwerer Arbeit unter schwierigen Bedingungen.

Berichten zufolge verschlimmert sich Ogurtsov's Gesundheitszustand zunehmend. Er soll unter Calcium-Mangel leiden, der zu Knochenerweichung, Magenvorfall, Bauchspeicheldrüsenerkrankung und zu Mononucleosis führt. Sein Zustand ist durch fehlende Diät und den Mangel an medizinischer Behandlung stark verschlimmert. Er muß acht Stunden täglich im Lager arbeiten. Nach Art. 11 russischer Besserungsabeitsgesetzgebung müssen Gefangene freigelassen werden, wenn sie krank sind.

Äthiopien – Gefangene »verschwinden«

amnesty international fürchtet um das Leben von minstestens 26 prominenten Langzeit-Gefangenen in Äthiopien, nachdem Mitte Juli bekannt wurde, daß sie aus ihrem Gefängnis in Addis Abeba »verschwunden« sind.

Berichten zufolge sind die Nahrungsmittel, die ihnen täglich ins Gefängnis gebracht wurden (die Gefangenen werden im Gefängnis nicht ernährt), zurückgewiesen worden. In der Vergangenheit bedeutete dies stets, daß der betreffende Häftling getötet worden war. Eine Bestätigung der Berichte über das »Verschwinden« der 26 Häftlinge war nicht zu erhalten. Daher hat ai in einem dringenden Appell an Staatschef MENGISTU Haile Mariam um die Zusicherung gebeten, für die Sicherheit der Gefangenen zu sorgen und ferner Auskunft über den Aufenthaltsort der Verschwundenen zu geben. Bislang liegt noch keine Antwort vor, aber neuere Informationen deuten darauf hin, daß diese Gefangenen eventuell in das Gode-Gefängnis nach Ogaden verlegt worden sind. Außerdem untersucht ai Berichte über mögliche Freilassungen anderer Langzeit-Gefangenen. Unter ihnen sollen auch Frauen sein.

Die »Verschwundenen«, deren Namen ai bekannt sind, aber aus begründeter Furcht vor Repressalien gegen die Häftlinge nicht genannt werden können, sind prominente Personen aus Regierungs- und Nichtregierungskreisen der ehemaligen Regierung Kaiser HAILE SELASSI's, die 1974 abgesetzt wurde. Sie werden gemeinsam mit 300 wei-

II.

wir haben uns getroffen nebenbei
und en passant
drei stunden unsres lebens ausgetauscht

haben ein wenig geredet über dieses und jenes
haben uns feuer gegeben und getrunken
haben einen ausschnitt zeit gemeinsam überwunden

es war eine gute nacht. ruhig und fließend und
ohne die vibration unerfüllter erwartungen
ohne bedeutungsvolle sätze

gerade dafür, für die ruhe und das schweigen
für die nebensächlichkeit
danke ich dir.

Eine argentinische Familie, die seit Mai 1977 in Montevideo, Uruguay, lebt, wird seit über 18 Monaten trotz der Bemühungen ihrer Verwandten, sie ausfindig zu machen, vermißt.

Claudio Ernesto LOGARES, ein 24-jähriger Buchhalter, seine Frau Monica Sofia GRINSPON DE LOGARES und ihre dreijährige Tochter Paula, verschwanden am 18. Mai 1978 nach dem Besuch einer Parkanlage in Montevideo. Verwandte sind seitdem mehrere Male nach Uruguay gereist, um das Verschwinden der Familie Logares zu melden und zu versuchen, ihren Aufenthaltsort herauszufinden — trotzdem blieben bislang alle Bemühungen erfolglos.

Augenzeugenberichten zufolge haben Zivilpersonen mit Hilfe dreier Autos das Gelände, in dem die Familie wohnte, mehrere Tage lang überwacht. Die Überwachung wurde eingestellt, nachdem die Familie verschwunden war. Sie wurden nachmittags um 15.30 Uhr verhaftet: Eine Gruppe bewaffneter Männer zwangen Claudio Logares, in ein Auto einzusteigen. Seine Frau und die Tochter mußten in einem anderen Fahrzeug folgen.

Politische Gefangene in Uruguay werden normalerweise in Einzelhaft gehalten, während der sie gefoltert werden. Zu den üblichen Foltermethoden gehören u.a.: das Stehen über sehr lange Zeit, das sog. „submarino" (jemandem so lange unter Wasser drücken, bis er fast ertrinkt) und Elektroschocks.

ai befürchtet, daß die Familie Logares durch die Folter umgekommen sein könnte, oder in Uruguay oder Argentinien in geheimer Haft gehalten wird. Die Sicherheitskräfte Uruguays und Argentiniens haben schon früher bei Entführungen ihrer jeweiligen Staatsangehörigen eng zusammengearbeitet.

Kürzlich wurden zwei uruguayische Kinder, die 1976 in Argentinien entführt worden waren, in Chile aufgefunden; von ihren Eltern fehlt noch immer jede Spur.

Bitte schreiben Sie höflich formulierte Briefe, in denen Sie um Aufklärung des Schicksals der Familie Logares und eine Garantie für ihre Unversehrtheit bitten.

Schreiben Sie an:
Comandante en Jefe del Ejercito
Tte. General Luis V. Queirolo
Soriano 1090
Montevideo
Uruguay
(Luftpostporto: 1,20 DM)

III.

gestern fuhr ich
die märchenlichter der nacht entlang
mit röhren und
mystischem schornstein
asphaltbänder mit
bewegung & statischer ruhe
gefräßiger pioniergeist
ohne pflanze und baum
in einem riß der glatten bänder
war das mädchen aus lila und rot
mit rucksack/den kopf auf den knien
sie sagte
sie wolle zurück
die richtung
wußte sie nicht mehr
als die nacht
blau wurde und weiß
als die sattelschlepper
wiederausschwärmten auf jagd;
mit ihren lichtwerfern
die blaue luft zerteilten in tropfen
aus wäldern und tau
als aufgeregt der rundfunksprecher
den neuen tag ausrief
als ob es niemals zuvor
tag geworden wäre im land
nahmen wir beide
die letzten schatten der nacht
verstohlen bei der hand;
verließen auf kleinen wegen
den machtbereich der helligkeit
tasteten mit pore und haut
das verbündete schweigen
von waldboden und sand

als ich aufwachte
hing eine kleine fahne
aus lila und rot
an der antenne
und auf die windschutzscheibe
aufgemalt
eine blume
aus humus und wein.

IV.

jetzt also
endlich zurück
8000 km später als aufbruch
30 städte hinter gestern
45 sonnenaufgänge seitdem
45 sonnenuntergänge seitdem
4 kilo leichter geworden
(1000 liter benzin)
raststättenklos (ungezählt)
bühnen-mikrophone-kabel (aufgelistet)
publikum
publikum
publikum
    &straße
    & straße
    & straße

übrigbehalten
: haufen ungewaschener kleider
 mehrmals gewendet
 & erneuerungsbedürftig.

Dregger trifft Chiles Präsidenten Pinochet

Kein Faschismus

SANTIAGO DE CHILE (dpa/UPI) — Der stellvertretende Vorsitzende der CDU-Bundestagsfraktion und hessische Ministerpräsident Alfred Dregger ist am Freitag in der chilenischen Hauptstadt mit Staatspräsident Augusto Pinochet zusammengetroffen. Nach seiner Unterredung sagte Dregger, das politische System in Chile sei zum gegenwärtigen Zeitpunkt weder „faschistisch noch demokratisch". Weitere Gesprächspartner Dreggers waren der chilenische Außenminister Hernan Cubillos sowie der ehemalige christdemokratische Ministerpräsident Eduardo Frei. Dregger wird auf seiner Südamerikareise unter anderem auch Brasilien, Venezuela und Mexiko besuchen.

Trotz Verdacht des Mordes an Landarbeitern

Kein Polizeiprozeß

SANTIAGO DE CHILE (dpa) — Der Militärrichter von Santiago, General Enrique Morel, hat das Verfahren gegen acht Polizisten eingestellt, die des Mordes an 15 Landarbeitern angeklagt waren. Der möglicherweise politisch motivierte Massenmord bleibt damit weiter ungeklärt. Die Morde hatten international Aufsehen erregt und waren von Kommentatoren dem Militärregime in Chile angelastet worden. Die Leichen der Arbeiter waren im November vorigen Jahres in einem Massengrab in einem stillgelegten Kalkbergwerk, 45 Kilometer von Santiago entfernt, gefunden worden.

V.

unterwegs
tut es gut
einen freund dabeizuhaben
der gestrichelte chilene
wie aus einer zeichnung von sempé
oder einem lied von victor
mit gitarre und lächelauge
wenn er lacht
wird die straße breiter
wenn er wütend ist
stampft eine kavalkade
südchilenischer wildpferde
wiehernd und schweifwerfend
durch überraschte kleinstädte

seine gitarre
liegt still & ausharrend
im kofferraum
vibriert im freundlichen gespräch
mit stangen und federn
vergangener automobiltechnik
denkt sich ihren teil über uns
und wird heute abend
in ruhiger selbstverständlichkeit
eine orchidee öffnen

VI.

unterwegs
kann man freunde finden
kumpelgenossengefährten

der mittelstreifen einer autobahn
warmweißer plastiktisch der raststätte
mein kleines schrottauto
ein tankwart
zwei krumme hinweisschilder
der baum da drüben
feuchte schwarzerde auf asphalt
schließlich
elvis morgens um drei im autoradio

mein freundeskreis wächst an
bei gelegenheit will ich
der unbeirrbaren leitplanke
die hand schütteln

VII.

1

hab meine augen zugemacht
hab mich verkrochen
und wirklich
ist trotz alledem
auch dieser winter
gut vorbeigegangen

langsam wieder
schlendre ich die straßen hinunter
auf der suche nach einem
guten wort, einem
beiläufigen lächeln
und dem wilden gelächter
der sommergespenster

dem klirren der
weinflaschen, zweiliterbillig
dünnwandig und schwer
und doch
voll blume und bouquet
wenn sie von mund zu mund gegangen sind
und dich die nacht nicht zwingt
das glas allein zu leeren

wenn barfüßig die sind
die auf die füße treten
wenn gicksende mädchen
bunt & jung
sich lustig machen über mich

> (schon gut / ich weiß / es ist nichts wert
> wo waren sie denn / in welchen löchern
> hatte der winter sie versteckt / und wird
> sie wieder tauchen / wenn die sonne
> einmal wieder tiefer steht / wo waren sie denn
> als wir sie wirklich brauchten /)

2

ich geh' die straßen runter
und bin zu hungrig um
den sommerduft zu spüren

ich such' ein gutes wort
ein lächeln im gesicht
wie jedes jahr

zwei kilometer oder so
dann dreh' ich um
und geh zurück

und fahr' die gleiche strecke
im wagen nochmal ab
mit offenen fenstern und musik

ich fühl' mich besser so
zwischen mir und alledem
ist eine mauer aus schrauben und lack.

...tbehind...
...in Zukunft
...axi fahren. Als e...
Bundesrepublik hat si...
schlossen, jedem Schwerstbehinderten einen Gutschein in Höhe von 136
Mark pro Monat auszustellen.

Weil er offenbar befürchtete, daß ihn
die deutschen Behörden ausweisen
würden, hat sich ein in die Bundesrepublik geflüchteter 22jähriger Kurde in Bielefeld mit einer Kordel erdrosselt.

Für Christa

I.

sie hat mich verlassen

meinetwegen
sie ist mir nur
zuvorgekommen
    sagt mein trotz

meinetwegen
es ist ganz allein
ihre entscheidung
    sagt meine vernunft

komm zurück!
    sage ich selbst

und natürlich
ist das kein besonders
gutes gedicht
der literaturkritiker
wird mich in der luft zerreissen
aber sagt mal ehrlich, leute:

kann man gedichte schreiben
über die einsamkeit?

das haben
schon viele getan
    sagt der germanist

aber ich bin es
der einsam ist
    sagt der dichter

        und der ist weder
        literaturkritiker
        noch germanist.

„Umgesiedelt" heißt in Argentinien „tot"

„Amnesty" legt Augenzeugenbericht über Konzentrationslager und Folter vor

London (AP)

Über Konzentrationslager für politische Häftlinge in Argentinien hat die Gefangenenhilfeorganisation Amnesty International" (AI) in einer in London vorgelegten Dokumentation berichtet. Diese Dokumentation beruht auf Augenzeugenberichten eines 29jährigen Arbeiters und eines 22jährigen früheren Studentenführers, die beide verschleppt und 15 Monate lang in fünf verschiedenen argentinischen Konzentrationslagern gefangen gehalten worden waren. Beiden war die Flucht aus einem Lager geglückt.

Der Bericht nennt die Namen von 200 Häftlingen, die in diesen von den argentinischen Streitkräften unterhaltenen Lagern gefoltert und umgebracht worden sein sollen. Wie es in London hieß, ist die Dokumentation die bisher detaillierteste Schilderung der Mißhandlung politischer Gefangener in Argentinien. Die Aussagen der beiden Ex-Häftlinge habe viele der bereits verfügbaren Beweise erhärtet, schreibt die Organisation. Die Augenzeugen lieferten Einzelheiten über Entführungskommandos, erhoben namentliche Anschuldigungen gegen Offiziere, die sie in Gefangenenlagern gesehen haben wollen, und legten Lagepläne solcher Lager vor.

Seit General Videla 1976 durch einen Putsch an die Macht kam, sind laut Angaben von AI Tausende spurlos verschwunden. Im Vorwort der Dokumentation schreibt der Generalsekretär der Organisation, Martin Ennals, Entführung und Verschleppung von Andersdenkenden durch die Sicherheitskräfte seien in Argentinien inzwischen alltäglicher als legale Festnahme und Haft.

Den Aussagen der beiden Augenzeugen zufolge besteht das Schicksal der meisten „Verschwundenen" in einer an das Vorgehen der Nationalsozialisten erinnernden Umsiedlungsaktion, mit der die Ermordung der Häftlinge kaschiert wird. Während ihrer 15monatigen Haftzeit hätten sie etwa 800 Mitgefangene, unter ihnen auch schwangere Frauen, gesehen, von denen ihnen mehr als 300 namentlich bekannt seien. 62 von ihnen seien inzwischen entlassen, einige ihren in der Folter erlittenen Verletzungen erlegen oder an Infektionen gestorben, die anderen seien weiter „umgesiedelt" worden.

Wie es in der „Faschisten"-Dokumentation heißt, mißhandelten einige Wächter systematisch jüdische Häftlinge. Einige von ihnen seien gezwungen worden, „vor Bildern Hitlers und Mussolinis niederzuknien und ihre Abstammung zu verleugnen". Ein Polizeioffizier habe erklärt: „Einige hier drin sind Söldner, andere nicht, aber wir sind alle Faschisten." Die Augenzeugen berichteten von Schlägen, Stromstößen und Folterungen durch Wasser, denen sie in einem ersten „Aufwärmlager" genannt hätten, ausgesetzt gewesen seien. In diesen „Club" habe es drei „Operationssäle" — Folterkammern — gegeben. Wie alle anderen Gefangenen seien sie nackt auf Metall-Tischen festgebunden und mit elektrischen Stäben („Picana") am Kopf, in den Achselhöhlen, an den Geschlechtsorganen, am Anus, an den Lenden, im Mund und an allen empfindlichen Körperteilen gemartert worden. Zwischen den „Picana"-Behandlungen seien sie mit dem Kopf unter Wasser getaucht, an den Füßen aufgehängt und auf die Geschlechtsorgane geschlagen worden.

Unter Berufung auf einen anderen Häftling heißt es in dem AI-Bericht, „umgesiedelte" Gefangene hätten Spritzen mit starken Betäubungsmitteln bekommen, seien dann in Flugzeuge verfrachtet und „lebend, aber bewußtlos ins Meer geworfen worden".

Singapur der Mißhandlung von Gefangenen beschuldigt

London (AP)

Die Gefangenenhilfeorganisation Amnesty International (AI) hat in einem Bericht den Staat Singapur beschuldigt, politische Gefangene mißhandelt und ohne Gerichtsverhandlung inhaftiert zu haben. In einigen Fällen sollen Häftlinge seit 17 Jahren ohne Verfahren festgehalten werden. In der Dokumentation wird den Sicherheitsbehörden vorgeworfen, Gefangene geschlagen und mit Elektroschocks gefoltert sowie mehrtägigen ununterbrochenen Verhören unterworfen zu haben. Häftlinge seien bei Vernehmungen in unterkühlten Räumen nackt auf Stühle gefesselt und ständig mit kaltem Wasser übergossen worden.

Sieg der Regierungspartei 68 der 75 Philippinen-Pr

Nach dem vorläufigen Erge und Kommunalwahlen auf d in 68 der 75 Provinze gierungspartei „Bewe schaft" das Amt nehmen. Die Or ner Provinz d menauszählun Wahlkommiss rletzungen halten

II.

heute nacht bin ich
seltsame freundschaften eingegangen

die stille luft hat mich erdrückt
die wände meines zimmers
die vorstadtstraße bei der tür
haben die wärme nicht
in ihr programm geschrieben
von den freunden ganz zu schweigen

meinen ruinierten plattenspieler
der mit den zwischentönen
der verstaubten verkabelung
und individuellen wiedergabe
hab ich an allen knöpfen aufgedreht

hab mir ne zigarette nach der andren angezündet
und die gläser stehenlassen
aus der flasche selbst
trinkt es sich schneller

es war ein guter, warmer calvados;
nahm mir
die kälte der haut

was drunter ist
geht auch den calvados nichts an

mein ruinierter plattenspieler
einige zigaretten
und ein paar gläser calvados

das ist
mein freundeskreis

III.

ich bin angetreten
um ein paar zweifel zu wecken

ich hab sie geweckt

und als sie wach waren
wandten sie sich gegen mich

IV.

wollte eben
einen langen brief schreiben an dich

wollte eben
ein zärtliches gedicht schreiben für dich

wozu eigentlich

: wir haben
unsere langen gespräche, und
: die zärtlichkeit unserer haut

Ich bin angetreten, um ein paar Zweifel zu wecken, und als sie wach waren, wandten sie sich gegen mich.

Sergio 10.75

V.

ich habe beschlossen
ein liebesgedicht zu schreiben

nicht weil ich dichter bin
ganz einfach
weil ich liebender bin

und frage mich
welche haut ich trage
eine stürmische
eine sanfte
aggressive hinnehmende
einsame erfüllte
und frage mich
an wen ich schreibe und warum

es wurden mir zu viele gedichte
es wurden mir zu viele fragen

alles in allem
habe ich ungezählte gedichte geschrieben
und keines
alles in allem
bin ich sprachlos geblieben
alles in allem
werden gedichte untergehen.
dazu sind sie ja da.

und wie es um die liebenden steht
will ich dahingestellt lassen.

VI.

weil
ich nicht genug hände habe
um die entfernung zu zersetzen
und deine haut zu spüren;
weil mir die hände
abhanden gekommen sind

weil
nur noch der calvados allein
mich warm hält wenn ich friere
und diese nacht nicht enden will;
weil mir die nächte
abhanden gekommen sind

weil
ich nicht genug worte habe
um eine sprache zu finden für uns
und das papier zu füllen;
weil mir die papiere
abhanden gekommen sind

weil
nur noch die trunkenheit allein
mich schützt vor licht und tag
und diese zeit nicht enden will;
weil mir die zeiten
abhanden gekommen sind

darum
liebe ich dich.

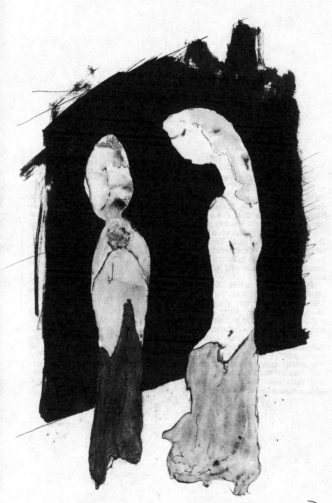

Sie warten in der Todeszelle

NEW YORK (ddp). In den USA sind gegenwärtig 464 Menschen in Haft, unter ihnen fünf Frauen, die zum Tode verurteilt worden sind.

Wie das Nationalkomitee gegen die Todesstrafe in New York mitteilte, sind die Todeskandidaten in 24 Bundesstaaten inhaftiert. 52,4 Prozent seien Weiße und 43,3 Prozent Farbige.

Wie der Leiter des Komitees, Schwarzschild, erklärte, wurde seit 1967 in den USA nur ein einziger Mensch hingerichtet: Gary Gilmore wurde am 17. Januar letzten Jahres auf eigenen Antrag erschossen.

In 16 Bundesstaaten wird der elektrische Stuhl verwandt. In neun gibt es die Gaskammer, in vier weiteren wird gehängt, und in drei Staaten wird mit tödlichen Injektionen oder durch ein Exekutionskommando gerichtet.

Der Mann mit den zwei Herzen

NIZZA (dpa). Mit zwei Herzen lebt ein 48 Jahre alter Mann nach einer erfolgreichen Herztransplantation in einem Krankenhaus von Nizza (Südfrankreich).

Wie der behandelnde Arzt, Professor Dor, gestern mitteilte, wurde der Eingriff bereits am 25. Oktober vorgenommen. Der Patient habe inzwischen die Intensivstation verlassen und befinde sich unter normaler medizinischer Aufsicht.

Die Ärzte in Nizza entfernten das alte Herz des Mannes nicht, sondern pflanzten dem Patienten ein zweites Herz ein. Damit sollte eine zusätzliche Überlebenschance für den Fall geschaffen werden, daß das Spenderherz sich nicht an den Körper anpassen würde. Der 48jährige hatte bereits mehrere Herzinfarkte erlitten.

Übergänge + Abschlüsse (vorläufige) I.

1

heute nacht habe ich
diverse ansichten verändert
es hat nicht geholfen
die schatten änderten sich nicht

2

und habe die ruhe gesucht
und nur das schweigen gefunden

3

>   dem, der in acht, sei zugedacht
>   daß man in faß und bind
>   und sonder gnad am halse frei
>   ihn baumeln laß im wind

aus einem alten buch
ist dieser vers, und doch
ist er so neu und alt zugleich
wie eine zeitung auf dem frühstückstisch

4

über dem schreibtisch
hängt eine fahne
ich lasse sie hängen
und fühle doch das fahnentuch
nicht mehr in mir

5

mit vernunft organisiere ich
den kommenden morgen
erkläre mit langsamen worten
die verflossene nacht

und werde am morgen nichts ändern
und nichts an der gestrigen nacht

6

das klingen aus verschlungenen drähten
aus unverständlichen knöpfen und nadeln
aus elektrischer spannung und feinrilliger schwärze
habe ich ins schweigen entlassen

die klänge und schreie
der tanz der gitarre und
das tonlose spiel
sucht einen neuen ursprung in mir

7

der pulsierenden haut meines mädchens
hab ich den mantel aus träumen umgehängt
die eine erinnerung sind
und keine gegenwart noch zukunft
ich bin zu schwach für eine diskussion
ob es nicht dennoch zukunft ist
und gegenwart zugleich

der träumer ist mir fremd
nicht fremd ist mir der traum

8

mit der diffusen ordnung meiner sätze
ist in der dichtung anarchie und tyrannei zugleich
sind nihilismus, frömmigkeit verwandt
vermischt sich dunkelheit mit licht
und grau mit wildem rot
ist blut ein saft und eine pflanze
ist die metapher ein verschlungener kreis
um meine hilflosigkeit
ist meine ratlosigkeit
gradlinige wahrheit und weg

9

ich gehe jetzt
und kehre, mag sein, auch zurück
es ist ein fließen und wandern
ein kommen und drehen
im kreis ein winken mit
gebundener hand
ich steh' am bahnsteig
und hab nicht gefragt
woher der zug kam und wohin er fährt
und habe trotzdem meine hand gehoben
und habe trotzdem in das offne spiel der finger
eine faust geschrieben.

Übergänge + Abschlüsse (vorläufige) II.

1   manchmal
überspringen wir
trennende räume
treffen uns abends
in der kneipe einer unbekannten stadt
stehen nebeneinander am tresen
und trinken uns zu

    2   ist nicht immer notwendig
die namen der begleiter zu kennen
man kann die schritte hören
und worte fühlen auf asphalt

        3   in irgendeine richtung
mag es weitergehen
die straßen führen
gleichwie du dich wendest
dem horizont immer entgegen.

7.

es bleibt noch etwas übrig
es ist noch etwas da
im gebogenen gras der hochländer

es ist noch blaues licht
es sind noch harte konturen
im profil der cordillera

es gibt noch vibrationen
es ist noch eine erinnerung
im feuchten lehm unserer länder

tanz, pacha mama
im gespannten fell der trommel
ist noch ein lied

unwiderruflich
drängend bis in den tod.

PACIENCIA (Geduld)

Nada nos queda
y hay solo
una cosa que perder:

perder la Paciencia –

    Daniel Viglietti

Rosalia

ganz kurz
ist die geschichte von rosalia
zu erzählen.
also:
rosalia mit den dunklen augen
mit schmalem körper
und händen wie von weißem sand
rosalia hatte nichts getan
nichts wesentliches
außer daß sie
studentin war

rosalia wurde mitgenommen
einfach so
ohne haftbefehl und firlefanz
von soldaten ohne uniform
soldaten mit familienliebe
und ehre am leib
die alte sache:
rosalia wurde befragt
und hatte nichts zu sagen
zu zweit
schleiften sie rosalia an den haaren
über den boden verdunkelter keller
ein major, ein leutnant, ein rekrut
ein unbekannter
rissen ihr die kleider vom leib
schnallten sie fest
machten sich über rosalia her

danach erst
zerschlugen sie das stille gesicht
bis rohes fleisch heraustrat
an den wangenknochen
und ihre augen
noch dunkler wurden
und drehten den verbrauchten körper um
zerschnitten rücken und schenkel
mit peitschenhieben
steckten einen gummiknüppel
zwischen die beine
prügelten rosalia
wie einen ball vom einen
zum anderen

der unbekannte
war irgendein unbekannter;
der rekrut
irgendein rekrut
mit verlobungsring;
der leutnant
der kam frisch
von einer militärakademie
in der kanalzone
der major ging später
als diplomat und angesehen
mit sektglas und charmantem geplauder
nach deutschland.

Papst gegen „Laxheit" in Eheprozessen

Vatikanstadt (dpa)

Papst Johannes Paul II. hat von den Richtern der „Sacra Romana Rota", des vatikanischen Ehegerichts, gefordert, die Kirchenrechtsparagraphen über die Ungültigkeitserklärung katholischer Ehen nicht „lax" anzuwenden. Der Spruch dürfe nur dann auf ungültig lauten, wenn dafür die volle „moralische Sicherheit" gegeben sei.

rosalia übrigens
tauchte nicht wieder auf
die regierung sagt
: viele prostituierte
verschwinden im untergrund
weil wieder ordnung herrscht im land
und alle studentinnen
sind huren
der major fügte später hinzu
daß diese weiber alle
nutten sind
erkennt man daran
daß sie nicht heulen
wenn man sie vergewaltigt

dann tauchte
rosalias name wieder auf
in einer deutschen illustrierten
die ist kritisch, sogar liberal
und trägt ne menge
großer fotos vor sich her
schrieb von rosalia
mit schreckenszeichnungen
mit eiter und blut
und hängte eine
romanze hintendran

die auflage
stieg rapide
hoch im kurs
ist menschenrecht
und vergewaltigung
ein kribbeln im magen
und eine spende für
die caritas
die auflage jedenfalls
stieg rapide

so hatte rosalias tod
doch immerhin
noch einen sinn

so ganz kurz
war rosalias geschichte
nun doch nicht zu erzählen
ich
entschuldige mich dafür
es mag wohl daran liegen
daß wir
daß wir alle
mitgeschrieben haben

Beweis einer Niederlage

Unsere Niederlagen beweisen nichts
als daß wir zuwenige sind
die gegen die Gemeinheit kämpfen
                    Bert Brecht

I. Zeitalter der Aufklärung

sie heißen: raúl, mariana
verheiratet
drei kinder
      fünf, sechs
      und dreizehn jahre alt

geflüchtet vor der großen stadt
auf eine kleine farm
tief drin und irgendwo
in argentinien

außer daß sie
zufrieden waren mit
ihrem leben
außer daß sie
sich gern hatten
und ihre kinder

      aber nicht zufrieden waren
      mit ihrem land
      und
      nicht gern hatten
      das militär & seine schergen

gibt es nichts besonderes
zu berichten
aus dem leben von raúl und mariana

Schweizer suchen Milch-Girl 1980

BERN (dpa). Eine Vertreterin der jungen Generation, die nicht nur intelligent, attraktiv und sympathisch ist, sondern darüber hinaus „den Typ einer modernen Milchtrinkerin verkörpert", sucht der Zentralverband schweizerischer Milchproduzenten.

Wie der Verband in Bern mitteilte, soll die vielseitige junge Dame die Schweizer Milchwirtschaft als Milch-Girl 1980 zum 25. Internationalen Tag der Milch am 29. Mai repräsentieren.

bis zu einem
oktoberdienstag des jahres
eintausendneunhundertsiebenundsiebzig

ein nachbar hatte es gemeldet:
raúl und mariana
sind schädlich
für unser land

an einem oktoberdienstag
hat man raúl und mariana
unschädlich gemacht

vier schwarze wagen
marke ‚ford falcon'
und uniformen ohne gesicht
entführten raúl und mariana

die kinder
eine großmutter
und ein unbekannter viehtreiber
bezeugten die verhaftung
gingen zum richter

der richter aber
wußte nichts von raúl und mariana
wußte nichts von verhaftungen
nichts von schwarzen wagen, marke ford falcon
nichts vom militär

man stellte fest
es gab keine verhaftung
und es gab raúl nicht
und es gab mariana nicht
nur ein faselndes weib
mit zahnlücken und einer krücke
drei flennende gören
und einen verschüchterten viehtreiber
sagte der richter
sagte die polizei

von raúl und mariana
besitze ich nicht viel mehr
als einen sachlichen bericht
einer zeitungsmeldung
und einem foto
auf dem foto sind
drei alberne kinder
und mariana
und raúl
also: hat es sie gegeben.

II. Immer noch: Zeitalter der Aufklärung

im august '78
kommen leute an die sagen
sie hätten raúl gesehen
in einem krankenhaus der militärs
vielmehr sie hätten
eine verquollene visage gesehen
und einen aufgedunsenen unterleib
und zwei zerquetschte hände

die schrieben auf einen zettel
ich heiße raúl
benachrichtigt mariana
wenn ihr sie findet
und sagt ihr
daß ich noch lebe
und sagt ihr
daß ich sie liebe

im herbst '78
kommen wieder leute die sagen
sie hätten mariana gesehen
mit geschorenem kopf
und zerissenen kleidern
schreibt sie auf einen zettel
ich heiße mariana
benachrichtigt raúl
wenn ihr ihn findet
und sagt ihm
daß ich durchhalten will
und wir uns wiedersehen werden

die zettel kamen nicht an
auf tausend umwegen
kamen sie zusammen
in einen ordner
der auf meinem schreibtisch steht
und heißt
raúl, mariana
verschwunden 1977

der eine war
von zigarettenpapier
der andere
aus billigem karton

ich habe jetzt schon mehr:
einen sachlichen bericht
eine zeitungsmeldung
ein foto und
zwei zettel
die nicht angekommen sind

im winter '79
bekomme ich einen brief
in dem steht
daß raúl gestorben ist
an einem leberriß
von einem militärstiefel
    sagen die leute
er starb im herbst 78
als mariana ihm versprach
daß sie ihn wiedersehen wird

(ich korrigiere
die aufschrift an
meinem ordner
mit einem kreuz)

heute habe ich
noch einen brief bekommen
in dem steht
daß man die nackte leiche einer
frau
am straßengraben fand
auf der straße
von buenos aires nach ezeiza
zwei dinge hatte die frau
am leib
: auf ihren oberschenkel eingebrannt
ein wort
: kommunistenhure
und um den finger einen ring
der so fest saß
daß nichteinmal das militär
in nehmen konnte

irgendjemand
schnitt den ring vom finger
machte ein foto davon

aus dem luftpostbriefumschlag
mit marken drauf und einem stempel
fällt mir ein foto entgegen
von einem ring aus billigem gold
und gerade noch zu lesen eine schrift

september 1965
für mariana
von raúl

zweiter Ehe zwei erwachsene Kinder.

Zum „Liebhaber des Jahres" hat die Frau des amerikanischen Präsidenten, **Rosalynn Carter**, ihren Mann erklärt. Sie tat dies vor 500 Gästen — meist politischen Freunden —, die die Carters zu einem Valentin-Tanzabend eingeladen hatten. Von seiner Frau derartig geehrt, sagte der Präsident, er habe den ganzen Tag schwer gearbeitet und könne deswegen nur noch wenige Tänzchen wagen.

Ein Zusammenstoß zwischen einem ...ugzeug und einem Autobus brach- ...ahlkampfpläne des ehemali- ...chen Ministerpräsiden... ...u durcheinande...

III. Beweis einer Niederlage

den ordner mit
einem sachlichen bericht
einer zeitungsmeldung
zwei zetteln
und einigen briefen
schickte ich an die kinder

zwei dinge habe ich behalten
das foto
eines aufgeschnittenen hochzeitsringes
und eines
mit drei albernen kindern
und mariana
und raúl

damit außer den leichen
noch irgend etwas übrigbleibt
ein beweis
von raúl, mariana
verheiratet,
drei kinder
wohnhaft ehemals
auf einer kleinen farm
tief drin und irgendwo
in argentinien
und in uns.

hinzuzufügen ist vielleicht
daß unsere niederlagen nichts beweisen als
daß es / zuwenige kämpfer gibt
und zu viele zuschauer.

geduldige wiederholung

in unseren ländern
stirbt jede minute
ein kind am hunger
versteht sich   :
   ungerechnet die erkrankten
   die   ermordeten
   die   verschwundenen
   die   weiterlebenden
in unseren ländern also
verhungert jede minute
ein kind.   also :
   001440 kinder pro tag
   010080 kinder pro woche
   040320 kinder pro monat
   525600 kinder pro jahr
versteht sich :
   ungerechnet die weiterlebenden
   die so-lange-weiter-lebenden
   bis sie als
   erwachsende   verhungerte/
   erwachsene   ermordete
   erwachsene   verschwundene /
in weiteren statistiken auftauchen.
in weiteren gedichten auftauchen.
ich traue den gedichten nicht mehr:
brackwasserstumpfe wiederholungen.
ich traue den kindern nicht mehr:
kleine aneinandergereihte kadaver
für schöngeistige gedichte.
vor allem traue ich uns nicht mehr:
kleine aneinandergereihte kommas
geduldig resignierender mutlosigkeit.

mit der gebotenen sachlichkeit sei angemerkt
daß die vorstehende begebenheit in keinem zusammenhang steht
mit den jüngsten bemühungen verschiedener seiten
um aufnahme argentinischer flüchtlinge
auf bundesrepublikanischen boden.
ebenso sei
mit allem nachdruck betont
daß die freundschaftlichen beziehungen
zwischen der bundesrepublik deutschland
       und der republik argentinien
in keinem zusammenhang zu sehen sind und stehen
mit der innenpolitik eines der länder

alle behauptungen, die BR deutschland hätte durch
ein rascheres und entschiedeneres eintreten
für die aufnahme argentinischer flüchtlinge
leben retten können, sind als polemische, unausgewogene
einseitige unterstellungen zu werten

ich bitte, diese aussage zu protokoll zu nehmen

irgendeiner
tut es ja sowieso.

hommage an henry ford

dann und zuweilen
kommt es zu großzügigen
geschenken
ohne jeden eigennutz
vom großen bruder des nordens
an argentiniens straßen

es heißt in alten sagen
daß schwarze falken dir
den tod bringen ins haus
oft spricht wahrheit die legende
wenn auch
über umwege nur

zu argentiniens hütten
fahren zuweilen
schwarze autos mit männern
die den tod bringen

sie fahren schwarze ford falcons
falcon
das heißt der falke

in schwarzen ford-falken
kommt der tod ins haus
und alle schwarzen falken
waren ein geschenk
der klugen brüder aus dem norden

ich sehe nicht mehr achtlos vorbei
wenn namen glänzen auf fahrzeuglack
senator admiral manta jaguar
fällt denn keinem was auf?

lassen wir ford beiseite
auf leiseren rädern
kommen zu uns
die dunklen namen
auf einen warte ich besonders
mercedes schlange
wird er heißen.

liebesgedichte an maria negra (unnötige)

1.

maria negra
fünfzehn jahre
aufgewachsen im
pueblo joven
heißt soviel wie
junges dorf
heißt aber wirklich
selbstgezimmerte kartonbaracke
kein wasser licht latrine
kein einkommen brot lebensversicherung
woanders heißt es ehrlicher
callampa
heißt soviel wie
pilz

2.

maria negra
mit vierzehn
die schönste junge hure
im pueblo joven
im pilz
zu jung aber
um die preise zu kennen
für junges fleisch
für lange schwarze haare
und weiche hand
für stilles gesicht
und schwarze augen
darum
wurde der hunger
nicht weniger
immerhin aber
das verhungern verhindert
mit vierzehn jahren
von der rotzwasser heulenden mutter
zum erstenmal verkauft
danach ernährerin
von achtköpfiger familie
ernährerin mit
langschwarzem haar und stillem gesicht

3.

maria negra
mit fünfzehn jahren
hielten die brüder
es nicht mehr aus
gingen zur partei
vier wochen später
razzia im pilz
maria war zu hübsch
um nicht auf
einem lastwagen zu landen
maria kam
nicht ins lager
kam nicht ins gefängnis
weil sie
von ihren brüdern
nichts zu berichten hatte
warf man maria negra
dreihundert soldaten vor
nicht im lager
nicht im gefängnis
sondern in
der kaserne der marine

4.

maria negra
mit fünfzehn jahren
gibt es von brüdern
nichts zu berichten
aber es ist gut
dreihundert marinesoldaten
eine beschäftigung zu geben

5.

maria negra
irgendwann
war nicht mehr viel los
mit ihr
vom nabel abwärts gelähmt
und verängstigte tierschreie
gebrüll und fliegende haare
beim anblick von uniform
jetzt war es zeit
für ein gefängniszimmer
mit betonpritsche
und schwitzwasser am boden
mit glühbirne
und koteimer

6.

nach vier monaten
kam der pfarrer
stellte liste zusammen
für freilassung ins ausland
fragte maria
beruf?
maria sagte
nutte.
beleidigt der pfarrer
persönlich betroffen
und verletzt
gekränkt geht der pfarrer
hinaus
kommen noch vier monate
hinzu für maria

7.

maria negra
mit sechzehn jahren
kommt die hure frei
auf einer trage
in unser land
aber auch
in einem freien land
taugt eine hure nichts
mit gelähmten beinen
schon garnicht mit der
dickköpfigkeit
einer gewissen
      berufsbezeichnung
schließlich
sagt maria
wer ernährt meine familie
so geht das nicht
sagt der herr von der caritas
das mit der marine mein kind
wollen wir ja vergessen
aber vorher
vorher hätte sie doch
zur wohlfahrt gehen können
und diesen ton mein kind
müssen sie sich abgewöhnen bei uns
aber bitte
das mit der marine
vergessen wir wohl besser.

Behörden-Akribie: Toilettenerlaß

Sozialministerium gibt Anweisungen in Asylantenwohnheimen

Wer es noch nicht weiß, kann es jetzt nachlesen: „Die Brille des Toilettenbeckens ist zum Draufsitzen (nicht Draufstellen)!" Mit diesem Hinweis beginnt ein Merkblatt des baden-württembergischen Sozialministeriums, das jetzt den Landratsämtern zum Aushang in den Toiletten von Asylanten- und Übergangswohnheimen zugeschickt wurde.

Unter Punkt zwei dieser allerdings nur in Deutsch abgefaßten Anweisung, die für die meist deutsch-unkundigen Adressaten kein Detail ausläßt, heißt es: „Nach der Entleerung des Darmes putzt man den After sorgfältig mit mindestens zwei übereinandergelegten Toiletten-Papierblättern solange, bis der After ganz sauber ist. Dazu gebraucht man die linke Hand und kann mit jeweils neuem Papier den Vorgang so oft wiederholen, wie es zur guten Sauberkeit nötig ist. Das gebrauchte Papier ist in das Toilettenbecken zu werfen, damit es mit den Ausscheidungen fortgespült wird."

Nach dem Hinweis, daß nun die Wasserspülung zu bedienen sei, folgt eine genaue Anleitung für das Händewaschen: „Das fließende Wasser aus dem Hahnen muß über die Hände laufen, dann reibt man das Stück Seife mehrmals zwischen den Händen, bis sich Schaum entwickelt. Und jetzt reibt man die Hände mehrmals kräftig umeinander, dann spült man den Seifenschaum mit viel Wasser von den Händen herunter." Die „Empfehlung für eine hygienische Reinigung nach der Notdurft" verordnet abschließend: „Die Hände mit einem Einmaltuch aus dem Papierhandtuch-Automaten abtrocknen."

Ein Sprecher des Sozialministeriums räumte am Donnerstag ein, daß zur Befolgung der Anleitung recht genaue Deutschkenntnisse erforderlich seien. Die Frage, ob ein Ausländer, der noch nie ein WC benutzte, diese Anleitung überhaupt lesen und verstehen könne, beantwortete er mit dem Hinweis, daß den Gesundheitsämtern empfohlen worden sei, das Merkblatt in fremde Sprachen übersetzen zu lassen. Man habe die Toilettenordnung den Ämtern wegen der unterschiedlichen Hygienegewohnheiten, etwa bei Moslems, zugestellt. Einen ähnlichen „Toilettenerlaß" hätten vor einigen Jahren auch Hamburger Behörden herausgegeben. dpa

8.

weil maria aufstehen mußte
um dem herrn von der caritas
ins gesicht zu spucken
lernte maria negra
plötzlich wieder das laufen

9.
im arbeitsamt
fragte der beamte
nach marias beruf
maria negra
schiebt ihre hand
herüber zu mir
nutte
sagt sie fröhlich

ist irgendetwas?

frage ich den beamten
und drücke
ihre hand ganz fest

10. (ein Nachsatz)

weil
das muß ich wohl
dazusagen
weil
: ich achte maria negra

nämlich:
maria negra
hat sich niemals verkauft
an kaufhausdekoration
waschmittelfabrik
fernsehprogramm
fußgängerzone
sauberkeit
ordnunganstandsitte
heirat zweitwagen
babykleidung rosa hellblau
trauring silberne konfirmation
schoßhund plüschsofa

nämlich:
maria negra
hat sich niemals verkauft

maria negra hat
zweimal ihren körper getauscht

einmal gegen brot
einmal gegen schweigen

niemand ist verhungert
die drei brüder
wurden nicht erschossen
mangels beweisen

maria negra ist fröhlich

was eigentlich brauchen wir mehr
als diese gewißheit
daß die schinder
uns nicht schänden können

daß wir zerschunden sind
aber am leben

und lebendiger als sie alle!

Geduldige Hausaufgabe

Mit etwas Geduld
Wird der Neugierige erfahren
Daß die Regierung Kolumbiens
Von der Regierung Deutschlands (West)
Mehrjährige Entwicklungshilfe bezog.

daß diese entwicklungshilfe
aus mehreren jahren
in nur einem jahr (diesem)
investiert wurde
zum ankauf von rüstungsgütern.

Mit etwas Geduld
Wird der Neugierige erraten
Welcher Rüstungsindustrie
In welchem Land
Die Investition zugute kam.

Einer von uns

(für Sebastian und Federica)

Einer von uns
wird die Kinder wieder lehren zu singen
und mit Bleistift schreiben auf Papier
daß zwei und drei fünf sind
irgendeiner von uns wird das wohl tun

(Mauerinschrift von Karel Fleischmann im Prager Ghetto)

Einer von uns
wird einmal mit den Kindern
auf die Felder gehen
und Vogelscheuchen bauen aus Uniformen
Einer von uns
wird den Kindern erzählen
von diesen Jahren
und meine Kinder werden dabeisein!
Und sie werden die Worte hören
wie Geschichten aus dunkler und grausamer
aus ferner und vergangener Zeit!

(Zelleninschrift eines argentinischen Gefangenen, vermutl. erschossen Ende 1976)

I.

sind zurückgekehrt aus den Mauern
nach zwei oder fünf Jahren
finden die Kinder wieder
lehren sie
papa und mama zu sagen
zu fremden Menschen;
mit Gewohnheiten von
Pritsche und Blecheimer
mit verzerrten Muskeln
vom Pfiff des Aufsehers
streicheln wir ihre Köpfe

II.

mein Sohn
verlangt Bleistift & Papier
zum Spielen.
Er will
einen Brief schreiben
für die politischengefangenen
sagt mein Sohn.
Mein Sohn ist fünf Jahre alt
und Analphabet.

III.

meine Tochter
sagt zum Telefon
: Mama.

Zwei Jahre
habe ich beim Besuch
meine Tochter gesehen
durch eine Glasscheibe
mit ihr gesprochen
durch ein Telefon

Jetzt
bring ich ihr bei
zu meinen Händen, meinen Brüsten
zu meinem Mund
: Mama
zu sagen

Aber immer noch
wenn sie ein Telefon sieht
erzählt sie ihm Geschichten.

IV.

meine kinder spielen nicht
räuber & gendarm;
wenn sie die rollen verteilen
sagen sie:
      du bist die soldaten
      und ich bin die subversiven.
dann
verteilt einer flugblätter
und der andere jagt ihm nach.

aber merkwürdig:
wenn unsere kinder spielen
werden unsere niederlagen
plötzlich zu siegen.

Donnerstag, 21. Dezember 1978

Späth will mehr für die „intakten Familien" tun

STUTTGART (epd). Als Beitrag des Landes zum ‚Jahr des Kindes' hat Ministerpräsident Lothar Späth eine „Aktion kinderfreundliches Baden-Württemberg" angekündigt. Vor dem neu entstandenen Ökumenischen Presseclub Baden-Württemberg empfahl Späth, den „intakten Familien" mehr Aufmerksamkeit zuzuwenden. Es sei nicht damit getan, das Hauptaugenmerk auf die zerrütteten Familien zu legen. Kritisch äußerte sich der Regierungschef über einige der Jugend gewährte Freizügigkeiten, die sich nicht bewährt hätten. Als Beispiel nannte er das Raucherzimmer in den Schulen, das wieder abgeschafft werden solle. Erhebliche Vorbehalte hat Lothar Späth gegenüber der sozialen Indikation des reformierten Paragraphen 218. Die Bundesrepublik als eines der reichsten Länder der Welt müsse mehr für die vom sozialen Abstieg bedrohten kinderreichen Familien tun.

V.

gestern habe ich
ihn
vom kindergarten abgeholt
er ist fünf jahre alt
und ein feiner kerl

wir haben uns unterhalten
und plötzlich
drängt er sich ganz fest
an mich
und flüstert:
geh' ganz normal weiter
da ist 'n polizeiauto
schau nicht hin
sonst
nehmen sie uns mit
und schlagen uns

ich habe nicht versucht
ihm den unterschied
zu erklären
zwischen demokratischen polizeien
und den anderen
ich war
vollauf damit beschäftigt
seine hand festzuhalten
und den verkrampften körper
abzulenken.
außerdem
hätte ich der diskussion mit ihm
bestimmt nicht standgehalten.

auf dem rückweg übrigens
kamen sie mir
schon wieder entgegen
schweinehunde
rief ich ihnen nach

und dieser diskussion
hielt ich wieder nicht stand
angriff gegen die staatsgewalt
oder so ähnlich
formulierte der richter

ich konnte ihm
den unterschied nicht erklären
zwischen der schwitzenden hand
    eines kindes
und der uniformierten gewalt
einer demokratie.

geschlagen haben sie mich
nicht, nur
380 DM geldstrafe
aber
als er davon hörte
sagte er:
siehst du, ich habs doch
gewußt.

VI.

heute kam
die lehrerin zu besuch;
noch vor ein paar wochen
erzählte sie
war der kleine immer ganz stolz
wenn die deutschen kinder
seinen vater einen knastbruder
nannten;
natürlich
warf der kleine sich
dann in die brust
mein alter
hat für die freiheit gekämpft.

gestern aber
sagte die lehrerin dann
hat er zum ersten mal
die andren nicht mit seinem
stolz entwaffnet
sondern zurückgeschlagen
und heute in der schule
kamen die eltern an
und haben sich beschwert.

ich fürchte
sagte die lehrerin noch
der kleine hat sich zu schnell
in unsre gesellschaft integriert.

VII.

Einer von uns
Wird die Kinder wieder lehren zu spielen
Und mit Worten schreiben in der Luft
Einer von uns
Wird die Kinder einmal lehren
Vogelscheuchen zu bauen aus Uniformen
Und ohne Furcht zu leben
Einer von uns
Wird die Kinder einmal lehren
Die alten Ängste zu vergessen
Nicht aber die Zukunft ihres Volkes
Weil zwei und drei fünf ist
Und die Unterdrückung Name und Adresse hat.

Einer von uns
Wird die Kinder einmal zurückbringen nach Hause
Und ihnen die Straßen und Plätze zeigen
Die ihnen gehören und uns
Einer von uns
Wird den Kindern einmal beibringen
Die Mauern zu verbrennen
Nicht aber die Bücher und Bilder
Weil zwei und drei fünf ist
Und die Freiheit Name und Adresse hat.

Einer von uns
muß das wohl tun.

Freiheit
1

ein gitterwagen
brachte mich
aus der zelle
zum flugplatz.

als das flugzeug abhob
durften die passagiere
die gurte abschnallen & rauchen
zu mir sagte der steward

hier ist ihr erstes stück
freiheit.
– und überreichte mir
meinen reisepaß

2

am flughafen in deutschland
standen junge Leute
an der sperre
sie lächelten mir zu
einer hatte
sogar blumen mitgebracht
willkommen in der freiheit
sagte er
und gab mir einen kuß

3

sie brachten mich
in eine kleine stadt
im süden
hatten alles vorbereitet
eine wohnung und sprachkurs
und behördenbesuche und
termine für den arzt und
die presse und 23 vorgestempelte
formulare
sie lächelten ein bißchen
verlegen
so ist das hier bei uns
sagten sie
da kann man nichts machen

4

in der zeitung stand
"nach folter und politischer haft
asyl gefunden in der freiheit"
als sie begannen
eine eigene wohnung
für mich zu suchen
schlug man ihnen
die türen vor der nase zu

5

heute stand in der
zeitung wieder
das problem der
flüchtlingsschwemme
„sie kommen, um
am deutschen wirtschaftswunder
teilzuhaben"
stand dort
meine sozialhilfe
beträgt 310,- DM
im monat
einen arbeitsplatz
habe ich nicht gefunden
meine qualifikationen
sind in ordnung
meine vergangenheit
ist es offenbar nicht.

6

gestern hatte ich
endlich eine wohnung
dann rief eine ärztin
beim vermieter an
sagte
die aus argentinien
sind alle terroristen
der vermieter sagte
er finde mich zwar nett
aber man könne schließlich
nie wissen
und zerriß den vertrag

7

wenn mir
mein deutscher freund
die zeitung übersetzt
sind da immer und immer
die nachrichten von
rauschgifttoten und selbstmord
das ist der unterschied
zwischen unseren ländern
lächelt er
bei euch
killt man die leute
auf der straße
bei uns
überläßt man es ihnen
sich selbst
beiseite zu schaffen

8

ich bin 22 jahre alt
mit 17 jahren wurde ich
verhaftet
viereinhalb jahre war
ich im knast
vorher hatte ich einen
lebensinhalt
im widerstand
dann hatte ich einen
lebensinhalt
im überlebenswillen

sie sagen mir
: du mußt deine jugend
nachholen

aber ich kann nicht
auf befehl
kaufhaus und diskothek
hermann hesse und beziehungskisten
in mich hineinstopfen

9

wenn es hier
noch kalt ist
& die sonne scheint
und der asphalt glänzt
möchte ich gerne aus
dem zimmer
aber ich kann nicht
draußen riecht es
nach zuhause
und
ich kann auch nicht
drinbleiben
eingesperrt bei sonne
halte ich es
auch nicht aus

ich soll nicht
launisch sein
sagen sie dann.

10

ich bin hier
schon beinahe
ein bißchen berühmt
werde auf
veranstaltungen eingeladen
dann soll ich immer
von früher erzählen
aber nicht
weil ich
ich
bin
sondern
weil ich
ein fall
bin

immer wenn ich
ein bißchen vergessen will
prügeln sie mich zurück
mit ihrer neugier
in meine zelle.

geduldige fortschritte

Über den Tod
lassen sich viele
Gedichte
schreiben ,
erschütternde dramatische
wehleidige brilliante

Weil uns der Tod
selbst noch nicht nahekam
können wir uns verbergen in
erschütterung dramatik
wehleid brillianz
fortschreitend lamentierend

Mit ein wenig
Geduld
wird sich das ändern.

11

was soll ich
hier eigentlich tun.

Verschwunden

ich gehe heute
werde für immer abwesend sein
werde in baum und strauch
in sandale und stiefel
werde in wiese und feld
    für immer
anwesend sein

Kurzlebige Erinnerungen

1. Cavafinho

trägst deine gedichte
unter dem arm
mit bart und zerschlissenem mantel

kommt einer daher
mit übernächtigten augen

mit bart und zerschlissenem mantel

trägt er die sonne
unter dem arm

cavafinho
deine bordellgedichte
deine weinhymnen und frauengesichter
die zärtlichen lieder
und wütenden knüppelreime
von morgenrot und nacht

weil sie die bücher
schon zertrampelt zerrissen verbrannt hatten
machten sie sich über cavafinho her

cavafinho,
in meiner erinnerung

kommt einer daher mit bart und zerschlissenem mantel

trägt einer
die sonne unter dem arm.

2. Ernesto

ernesto
hat es nicht geschafft
viele schaffen es nicht
bleiben liegen am weg

wer aber könnte
ernesto festbinden
an einem grabstein
wer könnte seinen namen
beschließen
durch eine kugel

ernesto liegt
in den bergen und wassern
wenn es abend wird
breitet sein name
sich flüsternd über das land.

3. Victor

oder victor
victor hat es auch nicht geschafft
im stadion
bleibt der körper zurück
jetzt sind sie
hinter seinen liedern her

nach den sängern
wollten sie
der gitarren habhaft werden

ihren liedern aber
haben wir asyl gegeben

in unseren körpern
haben wir die gitarren
unverletzlich gemacht.

4. Clarita

clarita aber
wartet am gefängnistor
jeden morgen von halb sieben
bis halb neun
und jeden abend
von halb sechs bis zehn

clarita
manuel liegt
seit einem jahr
unter felddisteln und sand

sie hört nicht
clarita wird
am gefängnistor warten
jeden morgen von halb sieben
bis halb neun
und jeden abend
von halb sechs bis zehn

In 57 Minuten ein Kilo Kotelett

Realeinkommen der Arbeitnehmer hat sich erhöht

BONN (dpa). Ein Industriearbeiter mußte in diesem Jahr durchschnittlich 57 Minuten arbeiten, um sich für den Lohn ein Kilogramm Kotelett kaufen zu können. Vor zehn Jahren betrug die Arbeitszeit dafür noch eine Stunde und 31 Minuten. Mit einer am Donnerstag veröffentlichten Statistik über den Arbeitszeitaufwand eines Industriearbeiters für Güter und Dienste des täglichen Gebrauchs verband die Bundesregierung die Feststellung, daß sich der Lebensstandard der Arbeitnehmer in den letzten zehn Jahren stark verbessert habe.

Andere Beispiele: Für ein Rundfunkgerät (Super) mußte ein Industriearbeiter 1968 noch 61 Stunden und 55 Minuten arbeiten, 1978 jedoch nur noch 17 Stunden und 44 Minuten; bei Herren-Straßenschuhen aus Leder mittlerer Qualität verkürzte sich der Arbeitszeitaufwand von sieben Stunden zwei Minuten auf fünf Stunden 24 Minuten, bei einem Kilogramm Butter von einer Stunde 33 Minuten auf 46 Minuten und bei einem Kilogramm hellem Mischbrot von 15 auf zwölf Minuten.

Zum Hintergrund der Statistik, die im Bundeswirtschaftsministerium erarbeitet wurde, erklärte die Regierung, zwar seien die Preise „wie überall im Ausland und dort mehr als bei uns" gestiegen, jedoch hätten die Realeinkommen der Arbeitnehmer, also die Einkommen nach Abzug der Preissteigerungen, in der Bundesrepublik erheblich zugenommen.

5. Maria Azul

maria ist anders
maria ist konkreter
wartet täglich
am leichenschauhaus

manchmal darf sie rein
manchmal springt sie nur
auf lastwagenpritschen
und sieht nach

maria azul
zeichnet klippen auf den strand
mit ruhigen fingern gibt sie
schaumkronen auf den asphalt
mit geradem rücken brennt sie
fenster in das firmament
mit schnellen füßen malt sie
spiralen der drohung
auf bordstein und gosse

6. Anita und Martin und Babsy

anita und martin
waren auch anders
woanders
und sahen es anders

die zeiten haben sich geändert
die rebellen wachsen nicht mehr heran
um revolutionäre zu werden

sie schaffen sich beiseite
um vergessen zu werden

nos perituri
mortem salutamus
sola resurgit vita

wir todgeweihten grüßen den tod
allein, das leben wird bleiben

die todgeweihten grüßten den tod
das leben aber
blieb allein zurück

> (wer in den tod geht mit der liebe
> ist den liebenden ein verlust)

oder babsy
die sich nicht beiseite schaffte
die eines zivilisationsnatürlichen
todes starb

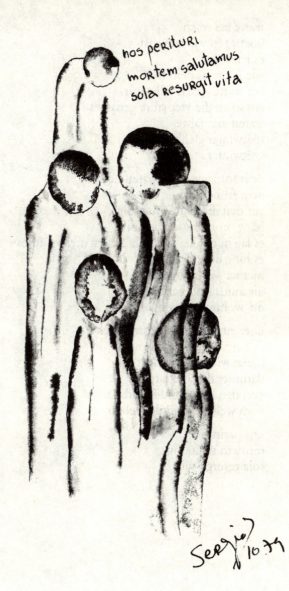

warte laß mich
überlegen wie lange ist
es jetzt her
wie lange ist dein tod
her warte gleich fällts mir
ein so an die vier jahre genau es
waren vier jahre
spätwinter glaube ich
spätwinter

dein foto aus dem späten herbst
dem frühen winter
auf den die glatte erde folgte
hängt immernoch bei mir
es lag in den handschuhfächern meiner autos
es hing über den schreibtischen
meiner wohnungen
die autos sind verschrottet
die wohnungen aufgegeben

über einem neuen schreibtisch
in einer neuen wohnung
hängt wieder das bild
darunter der alte satz
von den körpern die sterben
vom weiterblühenden leben

nos perituri
mortem salutamus
sola resurgit vita

ich hab' dich nicht
begleiten können
also begleiten mich heute
bilder von vergangenem
winter und herbst
weil die einsamkeit
zu drückend wird
und die verzweiflung zu laut
hängen wir drunter
unter die erinnerungen
sätze kunstvollster
verlogenheit

ohne euch
bleibt das leben
allein zurück
wird sich irgendwann verschüchtert
bergen in felsspalte
und kanalisation.

7. Der Priester

der priester
kenne seinen namen nicht
der mit dem harten alten kopf

sie haben ihm genommen
was sie finden konnten
kleider und nägel und haut
haben sein leben entkleidet
von stoffen und zärtlichkeit

haben worte rausgenommen
von schmerzen und wut
aber kein einziges
über claudio und marta
über amanda und manuel

er hatte jeden grund
den namen seines gottes zu verfluchen

die namen der freunde zu verschweigen
hatte er jede würde

8. San Fachón

noch ein priester
katholisch &
aus guter Familie
kenne seinen namen gut
und die stätte seines
wirkens in soutane und kreuz
villa devoto, buenos aires
frauengefängnis

man nennt ihn
san fachón
den heiligen faschisterich
er wird zornig
wenn er diesen namen hört
namentlich in folterverhören
assistiert er und empfiehlt
im namen gottes
ein geständnis abzulegen

zuweilen erfordert die würde
der katholischen kirche
und des militärs
den rückgriff auf drastische mittel
den rückgriff auf
den diener gottes
genannt
: der hl. faschisterich

Daß er die Ausnahme ist
: sagt mir die Hoffnung.
Daß er kein Zufall ist
: die Überzeugung.

9. Nancy

manchmal
fällt es mir schwer
in deinen augen nicht
verlorenzugehen
nicht einzutauchen
in dein lächeln
mich nicht zu verbergen
in deinem lachen

als sie dich
mit siebzehn jahren jagten,
die beute zurückließen
hinter gitter und schloß
: wo sind wir da gewesen.
wenn ich könnte
: dir zurückgeben
vier jahre mit wachturm
und mauer
: eindringen würde ich
in bergkristall und rubin
in felsen und wind.
aber ich kann nicht.

du hast überlebt
bist heute hier bei uns
& ich verspreche dir & mir
daß wir irgendwann
tango tanzen werden
auf buenos aires' straßen
und überall im land.

10. marta und claudio

marta,
hinter deinen lippen
saßen villon und rimbaud
beisammen zum wein
hinter deinen hüften
sah man baudelaire
wie auf flügeln dir folgen

marta
in langen deutschen nächten
weckt mich claudio verwirrt und mit schrei
weil er dich hielt
und doch nicht halten konnte
als du im traum nochmal
in seinen armen warst.

sag herr,
der schatten hinter dir,
ist das
dein
knecht

11. Don Aleman

(den deutschen Abgeordneten
mit Grundbesitz in Chile, Paraguay,
Argentinien zugeeignet)

sag herr,
der schatten hinter dir
ist das dein knecht?

sag herr
die gestalten die
durch deine räume gehen
feuer nachlegen im kamin
die hundemeute füttern
sind's
deine knechte?

sag herr
die krummen kreuze auf den feldern
zuckerrohr und maniokwurzel
die zementsäcke aus kokosfaser
die scheuern rücken
sind's die
deiner knechte?

sag herr
der schatten hinter dir
gebeugt und murmelnd
hut vom kopf
verlegene zehe im sand
ist das dein knecht?

sag herr
die frau in deinem bett
braunhäutig und demütig
oder mit zoten gekauft
mit blick zum boden
oder zum fernseher
ist's nicht
die frau deines knechtes?

sag herr,
der schatten hinter dir
wenn du im dunkeln
den hof überquerst
die sich erheben
wenn sich dein blick entfernt

der schatten hinter dir
der schatten in deinem rücken
der schatten mit den dunklen augen

es ist dein knecht.

12. Mario

in Lonquen
hat dich die erde ausgespuckt
und sieben andre leichen

also ist es doch wahr:
erde und berg
höhle und meer

sind übergelaufen zu uns
werden die toten nicht bergen.
und nicht die mörder vor unsrer hand

13. Lucho

es ist kalt
bei dir
halbschatten und festigkeiten
mauern und beiläufiges licht
das selbstbewußte so-sein der mauer
der unbeirrbare körper der gitterstäbe
ein streifen sand mit stacheldraht
mit geschultertem wächtergewehr

dahinter wartet irgendwo
dein name und datum und nummer
in einer kartei
betreut von einer sekretärin
mit kaffeemaschine und heimlichem geliebten
auf den befehl
zur exekution

das ist alles

eine überschrift.
mehr hab' ich nicht zu papier gebracht

eine einleitung.
darüber bin ich nie hinausgekommen

eine vorrede.
mehr kann ich auch nicht

irgendeiner
wird wohl weitermachen müssen
    vielleicht
ist sogar noch
irgendeiner da.

Paciencia.

> Geduld
> Sagte das Meer
> Und der Felsen :
> Geduld.
> (Vesely)

Geduld ist nicht :
aufgeben und dulden

Geduld ist   :
Kraft sammeln für morgen.

Nicht aber :
Morgen verschieben auf übermorgen.

Geduld ist :
Niederlagen sammeln
und in Siege verwandeln

Kein Herbst. Dennoch.

Wie aber, fragen Sie, ist die Freiheit zu erringen? Meine Antwort lautet kurz und bündig: durch ein einziges Wörtlein.

Plutarch sagt: Die Bewohner Asiens sind insgesamt Despoten unterworfen, weil ihre Zunge eine Silbe nicht aussprechen kann, nämlich das Wort nein.

Lassen sie uns hoffen, daß die Sprachorgane unseres Volkes in dieser Hinsicht besser geartet seien...

Johann Jacoby,
1873

dieser gedicht-zyklus entstand während mehrerer gemeinsamer tourneen mit sergio vesely 1978/79 unter dem ursprünglichen titel „gemeinsam sind wir unausstehlich". motive aus seinen liedern und gedichten wurden in mehreren passagen verwendet.

Kein Herbst. Dennoch.

I.

Lieber Freund, ich schicke
diesen Brief an Dich

ohne Absender
ohne Adresse

und schreibe nichts hinein.
Es gibt so viel zu sagen

über Bäume
das aufbegehrende Blau des Himmels

die weiche Haut
meiner Geliebten

doch nicht am Telefon

nicht in
verräterischen Briefen.

...

In diesen Tagen
Betäubten wir mit grauem Strich
Die bunten Wände unsrer Häuser
Entlaubten sich zögernd
Goldgelbe Bäume
So ist es Brauch im Land

In diesen Tagen
Wurden zum ersten mal wieder
Verbotene Worte gesichtet
Für angebliche Vergangenheit geradezustehen
Verpflichten sich schriftlich
Die Opfer

In diesen Tagen
Verbrannte ich zum ersten mal
Meine Liebesgedichte.

II.

im letzten herbst
verbrannte ich zum ersten mal
meine liebesgedichte

ich fürchte mich
vor diesen deutschen jahreszeiten
die kalt sind
wie novembernebel auf der haut
oder hitzig und schwül
wie gedunsene gesichter am tresen
wenn das kopfnickende schweigen sich breit macht
und die geflüsterte denunziation
wenn mitten in all dem gerede
die stille sich aufmacht
und wandert
und wächst

die deutschen jahreszeiten
mit funkturm und rangiergleis
mit blumenkübel aus beton
mit spiegelglasfassade
und neonlicht

und pockennarbiges land
von kraftwerk und asphalt
mit formular geregelt
die letzten stunden
der stadtmusikanten

weiter nichts.
nichts mehr.
nichts mehr übriggeblieben.

als die deutschen jahreszeiten
an den schulen/universitäten/betrieben
das faustrecht der satten
die hegemonie der ahnungslosen

und dann
: herumgehen und suchen
suchen nach der verlorengegangenen generation
jahrgang fünfzigfünfundfünfzigsechzig
irgendwann liegengelassen
und nicht wieder aufgetaucht
irgendwann vermißt gemeldet
wie ein durchschnittlicher regenschirm
oder ein beliebiger geldbeutel

und unter den regenschirmen
und geldbeuteln
war ja wohl auch
das eine oder andere
gebiß dabei.

„Freiheit" ist kein Vorname

MADRID (dpa). „Libertad" (Freiheit) darf das spanische Elternpaar Sanchez Gonzalez sein neugeborenes Mädchen nicht nennen.

So beschied der Bezirksrichter des Madrider Vororts Fuencarral endgültig die hartnäckigen Eltern.

Der Richter verwies auf standesamtliche Vorschriften, die Eintragungen von „extravaganten, ungeeigneten, unziemlichen oder subversiven Namen" verbieten.

.

jahrgang fünfzigfünfundfünfzigsechzig
das ist
1.500 selbstmorde im letzten jahr
    (zweithäufigste todesursache)
und 600 an der spritze verreckt
50.000 an ihr klebengeblieben

und ein paar zahlen mehr.

versteht sich:
die 300.000 alkoholiker
nur eine zahl am rande
versteht sich
: nicht eingerechnet die nichterfaßten
die nichterfaßten
außerhalb der kliniken
und therapeutischen anstalten
    (aber sehr wohl innerhalb
    der schulischen/universitären/
    betrieblichen)

.

rest?
rest sammelt sich in debattierzirkeln
liederabenden
solidaritätsfesten
autorenlesungen
veteranenkneipen
lamentiert die larmoyanz
sucht genossen für die hilflosigkeit
vasallen für die resignation
gefährten für den rückzug

für den rückzug in diese abende
des zähneknirschenden kopfschüttelns
über die anekdoten der repression
: diese kleinen geschichten der verzweiflung
die wir austauschen
mit kennerblick und bitterem lachen
mit kumpanem schulterklopfen
mit orientiertem
und belesenem mund
mit zitat und literaturhinweis

: kann keiner mehr sagen
er habe nichts gewußt.
im gegenteil
: wir wissen viel, sehr viel
und unser schweigen
und unsre richtungslosigkeit
ist nicht etwa: feigheit.
sondern klug / und wenn der henker
fest und traumlos schläft
wagen wir's von zeit zu zeit sogar
ihm ins gesicht zu spucken.

und dann
die andre frage.

wie steht es eigentlich um uns

die alte frage
: ob wir davonkommen werden

ob wir davonkommen werden
die kurve kriegen im letzten moment
nicht enden mit bierglanz im blick
am wachstuchtisch der vorstadtkneipen

ob der atem noch ausreicht
für das hergequälte abitur
und den umkämpften studienplatz
ob die bitten noch fruchten.
ob das krummlegen sich auszahlt
für die lehrstelle
mit werkstattfegen nach feierabend
mit gewerkschaftsverbot
und unbezahlten überstunden.

ob der arbeitsplatz durchhält
die nächste und die übernächste
rationalisierung
und schließlich auch
: ob selbst die freundin bleiben wird
trotz der flüchtig-feuchten abschiedsküsse
an bushaltestellen
und der kahlen abende am fernseher
und der synthetikluft der diskotheken.

ob wir davon-kommen werden
die kurve kriegen im letzten moment
und wir mit valium oder aspirin
noch niederhalten können
das zahnweh überall in kopf und bauch
wenn wir begriffen haben unsre einsamkeit
wenn wir gescheitert sind
in unsren schönen engen kleidern
aus dem verbrauchten stoff der kompromisse.

und ob wir endlich ganz zuletzt
auch diese kurve kriegen
daß wir nicht wieder enggepreßt
in viehwagons
geliefert werden in verschwiegene lager
daß sie uns nicht wieder holen werden
morgens vier uhr
und grinsend die nackten körper
nach waffen betasten.

diese vergangenheit zu bewältigen
war sache des vergessens.

(die zukunft zu bewältigen)

die zukunft zu bewältigen aber
bleibt angelegenheit eigener haut.

Erster Streik in Chile nach Militärputsch

SANTIAGO DE CHILE (epd). Den ersten Streik in Chile seit dem Militärputsch vor sechs Jahren haben 22 Arbeiter einer Druckerei in der südchilenischen Stadt Concepcion begonnen. Der Ausstand ist außerdem die erste Aktion, die auf der neuen, seit Juni dieses Jahres gültigen Arbeitsgesetzgebung beruht. Die Arbeiter fordern Lohnerhöhungen und lehnen ein Angebot ihres Arbeitgebers ab. Im ganzen Land sind seit September Lohnverhandlungen im Gange. In 350 Unternehmen legten die Gewerkschaften, die nach der neuen Gesetzgebung für jede Firma einzeln existieren, ihre Forderungen vor. Die Unternehmen haben in den meisten Fällen sieben bis zehn Prozent Lohnerhöhung angeboten. Die Lebenshaltungskosten in Chile sind jedoch allein in den neun Monaten dieses Jahres um 29,9 Prozent angestiegen.

Militäris

Breschnjew

Auf dem Felde der Diplomatie
NATO kein Frühwarnsystem i
Die Ostberliner Rede des so
Staats- und Parteichefs Leoni´
wirkte auf die Brüsseler
lantischen Verteidigung
lungener Überraschu
mißlichen S¹⁺
„Die H⁻
S¹⁺

im letzten herbst jedenfalls
verbrannte ich zum ersten mal meine liebesgedichte.

im letzten herbst
ist ihnen fangarm und appellplatzpfeife
in den kopf gestiegen
im letzten herbst
wurde ausgeräumt mit letzten zweifeln
im letzten herbst
wurde gewissenhaft gespeichert
deine liebe zu freundin, pferd, katze und hund
wurde erfaßt dein verhältnis
zu grassamen, meerestang und vollmondnacht
im letzten herbst
wurde dateidatiert
deine einstellung zu fragen
des dadaismus, des handlesens und der vielgötterei
wurden pantoffeltierchen
nach deinem innenleben befragt
wurde razzia gehalten
im zärtlichen beinknoten unter decke und dach
wurde amtlicherseits besiegelt
mit durchschlag und formular
mit sirenengeheul und bürozimmerpflanze
deine vergebliche liebe zu meerjungfrauen

im letzten herbst jedenfalls
wurde es zeit
die liebesgedichte zu verbrennen.

sie haben bei der hausdurchsuchung
aufrührerische bücher beschlagnahmt
und die fotografie der geliebten
urplötzlich wurden
die zärtlichen gedichte
zum konspirativen chiffre
sie haben bei der unterwäsche
rote fahnen gesucht
und auf der forschung nach unsrer gesinnung
das kinderspielzeug zerbrochen
und die blumenvasen geleert.

mit der behendigkeit von flußratten
kriechen sie in jeden winkel.
unsere wut haben sie nicht gefunden.

sie haben einen fehler gemacht.

Für unsere ausländischen Freunde
Sei angemerkt
Es ist wohl wahr
Ich komme aus dem Land
Von dem die Autobahnen sind
Und rotzeilige Zeitung
Aus Balken und Uhr
Das Land von Winter und Märchen zugleich
Von drallen Wangen und Bier
Von Computer und Drahtharfe
Ein paarmal im Jahrhundert
Von Transparent und wütender Rede
Anschließend immer
Von Parlament und Verkehrsordnung

Dort, woher ich komm'
Hat kürzlich der Kirchenrat
Eines südlichen Städtchens
Mit Hilfe einer Axt
Einer Motorsäge
Und eines Gemeindepfarrers
Ein Jugendzentrum auseinandergenommen
Weil:
Dort dörfliche Pärchen
Beim Austausch von Zärtlichkeiten
Beobachtet wurden

In diesem Land
War er schon immer Brauch
Dem Ausbruch von Zärtlichkeit
Mit Gewalt entgegenzutreten.

Dort, woher ich komm'
Sah man in einer andren Stadt
Zwei Polizisten
Einen Demonstranten niederknüppeln.
(Nichts Ungewöhnliches, Gewiß
Und Jeder Staat Hat Auch Das Recht
Sich Gegen Querulanten Mit Aller
Seiner Macht Zu Wehren)
Nur:
Dieser Querulant trug Sträflingskleidung
Aus Dachau hatte er sie mitgebracht
Und angezogen hat er sie
Als eine Erinnerung.
An eine Vergangenheit.
Die auch die meine ist.

In diesem Land
War es schon immer Brauch
Dem Ausbruch von Widersprüchlichkeiten
Mit Gewalt entgegenzutreten.

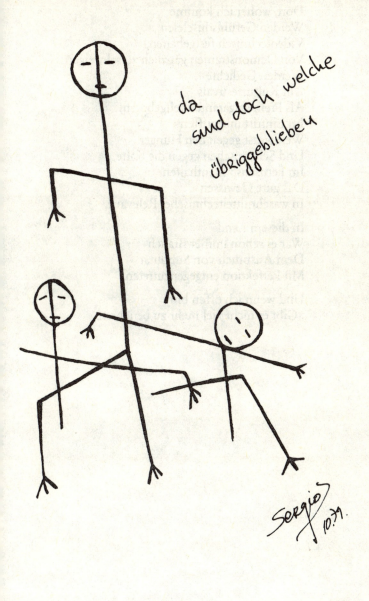

Dort, woher ich komme
Werden Gefühlsduseleien
Videotechnisch festgehalten,
Von Demonstranten gänzlich zu schweigen,
Werden Gedichte
Auf Kulturfestivals
Als Freiheitsgaranten feilgeboten,
Im Eintritt inbegriffen
Weißwurst gegen den Hunger
Und Schnäpschen gegen die Kälte,
Im Fernsehspot enthalten
Das gute Gewissen
In waschmitteltechnischer Relevanz.

In diesem Land
War es schon immer Brauch
Dem Ausbruch von Subtilität
Mit Perfektion entgegenzutreten.

Und wenn ich offen bin
: Gibt es nicht viel mehr zu berichten.

III.

na gut
in diesem herbst also
verbrannte ich zum ersten mal
meine liebesgedichte

das scheue foto meines mädchens
begrub ich
bei dem großen baum am fluß

meine tagträume
von bunten blättern oder bäumen
entließ ich in die ferne

in meinem zimmer
hab von ihren liedern ich
sogar die luft gereinigt.

ich will
der nächsten hausdurchsuchung
keine tür
zu meinem inneren lassen.

.

und übrigens:
im nächsten herbst
wird alles wieder anders sein

eine nuance wird hinzukommen
eine andre wird man wegnehmen
: so wie man's immer treibt mit uns.

wenn wir uns dann einmal
auf straßen begegnen
im hellen licht des tages

und du mich grüßt
und ich mit fremden augen weitergehe
und dich wie eine unbekannte stehenlasse

dann, bitte,
glaube nicht
daß ich dich schon vergessen hätte.

es ist nur so
daß wir jetzt langsam wieder üben sollten
eine zeit der verfolgung
unerkannt
zu überstehen.

NA GUT
laßt uns das alles
nicht so eng sehen
nicht so verkniffen

bringen wir die dinge nicht durcheinander

schaffen wir keine verwirrung

stellen wir fest:
du & ich / wir sind nicht betroffen
leute wie du & ich / sind nämlich niemals betroffen
leute wie du & ich / haben sich niemals eingemischt

manchmal sagen wir sogar
laut & deutlich unsere meinung
besonders unseren kindern
dann sagen wir unsere meinung
(laut & deutlich)
daß wir nur unsere pflicht getan haben
(und tun werden)
daß wir von alledem keine ahnung hatten
(& haben werden)

verbitten uns diese respektlosigkeit
schlagen tüchtig auf den tisch
&
wischen uns befriedigt
den bierschaum vom mund.

das alles hat doch damit
nun wirklich nichts zu tun

unreifes gedankengut
& wer räumt endlich den tisch ab

und wenn es mal danebengeht
und durch den unbewachten türspalt sich
ganz skrupellos ein quentchen zweifel schiebt

: bleibt immer noch
wenn die not am größten ist hilfe am nächsten

: in irgend einem winkel dieser stadt
steht eine kleine blechbüchse
mit aufklebern dran
und einem schildchen
: spende.

na, aber dann, mann
(das bewußtsein, mann)
aber dann ...

IV.

in diesem herbst
kehrten wir schweigend zusammen
das laub von erde und baum
um ihnen zuvorzukommen

verbrannten wir
die letzten zeugen des frühlings
verbrannten wir
zum erstenmal unsere liebesgedichte

haben nebenbei
verschwiegen & still
dazugelernt

>   (es war ein irrtum, damals
>   fest auf unsrem boden zu stehen.
>   fest auf einem boden zu stehen
>   ist ein betrug des bodens, heute.)

(ich habe dich
(ich habe dich
vom feuer weggezogen
du hast es nicht
verstanden

hast lang und
mit gesenktem Kopf
hineingesehen und
gewartet

daß aus den guten
alten worten
asche wird)

um dich
hatte ich auch früher angst
die angst vor einem schnellen tod
auf unsren straßen
vor blaulicht und sirenen
vor der verbindlich-weißen
chefarztvisite
mit linoleum
und desinfektionsmitteln

und heute
hab' ich wieder angst um dich
die andre angst
die angst vor einem schnellen wort
aus unsren paragraphen
vor fernsehkommentar und schlagzeile
vor der beflissen-kühlen
hausdurchsuchung
mit formular
und steriler höflichkeit

und habe heute angst um dich
ob du im flachland von stein und glas
nicht einmal zuflucht suchen wirst
zu den bekannten schnellen träumen
oder einfach einem tiefen sprung

> (wie lange lassen sich denn
> die wunden wegstreicheln / verleugnen
> wie lange kann man risse lecken wie ein hund
> wenn uns der kampf ums eigne kleine
> weiter – kommen
>   nach oben
>   nach oben
> nicht einmal zeit läßt
> für ein gutes wort)

und hab' auch diese angst um dich:

ob du nicht schließlich einen letzten halt dir suchst
in einem stillen einverständnis mit der barbarei.

büßt, wurde im August 1979 vom Bourji Er Roumi-Gefängnis ins Zivilgefängnis von Tunis verlegt worden.

April 1979

JASSIM HADDAD, Dichter aus Bahrein, der seit 1975 ohne Anklage und Prozeß inhaftiert war, ist im August 1979 freigelassen worden.

EDIVAL NUNES DA SILVA, Mitglied der römisch-katholischen Kommission für Gerechtigkeit und Frieden in Brasilien, der im Mai 1978 verhaftet und gefoltert wurde, ist im Mai 1979 freigelassen worden.

BUI TUONG HUAN, ehemaliger Universitätsprofessor, der seit Ende 1979 in einem vietnamesischen »Umerziehungslager« festgehalten wurde, ist im Juni 1979 freigelassen worden.

Mai 1979

ZHENG CHAOLIN, 77jähriger Trotzkist in der VR China, der 1952 in Shanghai verhaftet worden war, ist im Juni 1979 gemeinsam mit seiner Frau nach 27 Jahren Haft freigelassen worden.

PETER JONES, Führer der »Black Consciousness-Bewegung« in Südafrika, der 1977 zur gleichen Zeit wie Steve Biko verhaftet wurde, steht noch immer unter Verbannung, die im Februar 1979 für fünf Jahre ausgesprochen wurde.

CHNG MIN OH, aktiver Gewerkschafter in Singapur, wird demnächst das neunte Jahr seiner Inhaftierung unter der nationalen Gesetzgebung zur Inneren Sicherheit verbracht haben. Er ist niemals formal angeklagt worden und hatte somit keine Möglichkeit, sich vor Gericht zu verteidigen.

Juni 1979

IRZADI MIRWAN, einer der indonesischen Studentenführer, die wegen »Beleidigung des Staatsoberhauptes« angeklagt werden, nachdem sie die Regierung Präsident Suhartos der Korruption und Mißwirtschaft bezichtigt hatten, erwartet nach wie vor sein Urteil.

FRANZ KOBOLD, der 1975 inhaftiert wurde, weil er seine Flucht aus der DDR plante, ist möglicherweise unter die Amnestie vom Oktober dieses Jahres gefallen. Bislang hat ai allerdings keine Informationen über seinen Fall.

MWARABU MAK LUBIA, ehemaliger Leutnant in der Luftwaffe Zaires, wurde 1975 wegen Verschwörung inhaftiert. Er ist aufgrund einer Amnestie vom Oktober 1979 freigelassen worden.

Juli 1979

VESELIN MASIC, jugoslawischer Arzt, wurde angeklagt und inhaftiert, weil er sich in privater Korrespondenz über die politischen Verhältnisse seines Landes ausgelassen haben soll. Er ist noch immer in Haft.

MARIO ARGENTINO PAOLETTI und GUILLERMO ALFIERI, zwei argentinische Journalisten, die in Haft gefoltert worden sein sollen, werden nach wie vor in Verwaltungshaft gehalten.

MANHANTH THAKUR, Lektor an der Universität von Nepal, der zunächst aus seinem Posten entlassen und dann ohne Anklage verhaftet wurde, weil er in Verbindung zur verbotenen Nepalesischen Kongreß-Partei stand, ist freigelassen worden.

August 1979

MOON IK-HWAN, Presbyterianer, der wegen seiner Teilnahme am Entwurf der »Myon-Dong-Deklaration« verhaftet wurde, die zur Wiedereinführung der bürgerlichen Freiheiten in Südkorea aufrief, befindet sich noch in Haft.

VIRGILIO BAREIRO RIVEROS und SEVERO ACOSTA ARANDA, zwei ohne Gerichtsurteil seit 1964 inhaftierte Paraguayer. Acosta Aranda wurde im Oktober 1979 freigelassen, Bareiro Riveros wird noch immer im Gefängnis festgehalten. Man nimmt an, daß er die längste Haftstrafe verbüßt, die es in Paraguay gibt.

ZEHN MITGLIEDER DER »WAHREN ORTHODOXEN KIRCHE« in der UdSSR, zehn Frauen, die alle zu Gefängnisstrafen von zehn Jahren und mehr verurteilt wurden, werden nach wie vor in einem Komplex mordowinischer Besserungsarbeitskolonien festgehalten. Fünf von ihnen sind älter als 70 Jahre.

und auch /
in diesem frühjahr habe ich für dich /
nur noch verlorene stunden / ein abgekürztes lächeln /
mit dem blick zur uhr / ich hab' für dich /
nur noch den kleinen händedruck /
zwischen den häuserfronten / auf den bereinten /
pflasterstraßen / unter denen man /
wie jeder weiß /
den strand begraben hält /

in diesem frühjahr bleibt für dich /
nur noch der schnelle gang ins kino / die kurze wahl /
zwischen den porno- und karatestreifen /
das bier in irgendeiner kneipe / wo sie gesichter tragen /
so wie wir / und irgendwie auch schon wie wir /
ein bißchen aufgegeben haben /

verzeih'
wenn dieser schnelle blick zur uhr
schon alles ist
was ich dir geben kann
aber sag mal
/ sag mal /: wieviel zeit bleibt uns noch /

wieviel zeit bleibt uns noch

Äquatorial-Guinea – Blutige Diktatur gestürzt

Am 3. August wurde der Präsident Äquatorial Guineas, Francisco Macias Nguema gestürzt. Oberst Theodore Obiang Nguema Mbazogo, der ehemalige stellvertretende Verteidigungsminister und offensichtlich neue führende Mann, kündigte in einer über das staatlichen Rundfunk verbreiteten Rede die Freilassung aller politischen Gefangenen an.

Mit dem Sturz Macias ging in dem kleinen Staat an der Westküste Afrikas eine brutale Diktatur wohl vergleichbar mit der Herrschaft Idi Amins nach 10 Jahren zu Ende.

Ab 1969 änderte Präsident Macias Nguema die Verfassung und stärkte seine eigene Position durch eine Reihe von Verordnungen und Gesetzen, die ihm absolute Macht gaben. Nachdem er alle existierenden Parteien verboten hatte, etablierte er 1970 seine eigene Partei, heute bekannt als **PUNT – Partido Unico Nacional de Trabajadores** (Nationale Arbeiter-Einheitspartei). 1972 wurde er Präsident auf Lebenszeit und übernahm weitere Vollmachten durch die neue Verfassung von 1973. Zur selben Zeit hatte er eine Reihe von Ministerämtern inne, darunter Verteidigung, auswärtige Angelegenheiten und Handel. Die offiziellen Titel des Staatschef lauteten denn auch: **»Präsident auf Lebenszeit, Generalmajor der Streitkräfte, Großmeister der Erziehung, Wissenschaft und Kultur, Präsident der PUNT und einziges Wunder Äquatorial-Guineas«.**

Seine Verwandten leiteten die Nationalgarde und die Staatspolizei, von deren Unterstützung seine Macht abhing. Präsident Macias Nguema erhielt auch aktive politische Unterstützung durch die militante Jugendliga der PUNT-**Juventud en Marcha con Macias** (Jugend marschiert mit Macias). Die Anhänger dieser Organisation sowie die Mitglieder der Nationalgarde und der Staatspolizei sind wohl am meisten in Folterungen und politische Morde verwickelt gewesen.

Seit der Machtergreifung des Präsidenten 1969 sind mehr als **1.000 Äquatorial Guineer** (von einer Gesamtbevölkerung von 300.000) **inhaftiert worden,** und es ist anzunehmen, daß Hunderte entweder hingerichtet oder von den Sicherheitskräften ermordet wurden. Die Behörden behaupteten bei vielen Gelegenheiten, Verschwörungen gegen den Präsidenten aufgedeckt zu haben, und Hunderte von Menschen erhielten infolgedessen Haftverlängerung oder wurden inhaftiert.

Viele der nicht abgeurteilten Gefangenen starben infolge von Folterungen und anderen Formen von Mißhandlungen.

Haftentlassung angekündigt

PARIS, 6. August (AP). Der ehemalige stellvertretende Verteidigungsminister des afrikanischen Staates Äquatorial-Guinea, Oberst Theodore Obiang Nguemema Mbazogo, ist nach dem Sturz des Diktators Francisco Macias Nguema offensichtlich der neue führende Mann des Landes. In einer am Montag vom staatlichen Rundfunk in der Hauptstadt Malabo verbreiteten Rede kündigte Mbazogo die Freilassung aller politischen Gefangenen an. Das „Terror"-Regime existiere nicht mehr. Mbazogo warf dem gestürzten Staatschef vor, er habe viele Bewohner aus ihren Siedlungen vertreiben und täglich 50 oder 60 Menschen töten lassen. Mguema ist nach

den vorliegenden Berichten aus dem Kleinstaat am Freitag durch einen unblutigen Putsch gestürzt, festgenommen und durch ein Gremium ersetzt worden, das sich revolutionärer Militärrat nennt.

Der Putsch hat eines der repressivsten Regime des Kontinents beseitigt. Auf der Insel Fernando Poo (heute nach dem Diktator Macias-Insel genannt) leben über 20 000 Plantagen-Arbeiter unter sklavenähnlichen Bedingungen, heißt es. Die Wirtschaft des kleinen Staates von der Größe Nordrhein-Westfalens wurde unter Macias total zerrüttet. Die erste Reaktion des Westens kam aus Madrid. Die Regierung Spaniens erklärte sich zur Anerkennung der neuen Regierung bereit und stellte Hilfe in Aussicht.

Quelle: Frankfurter Rundschau 7.5.79

WIEVIEL ZEIT EIGENTLICH
BLEIBT UNS DENN NOCH
BIS WIR ES ENDLICH WIEDER LERNEN
    NEIN
ZU SAGEN
(ganz einfach so:
ganz ohne große gesten:)
Nein
ich mach' nicht mit
und schlimmer noch
: ich halte dagegen!

(das gute alte wort:
ich stehe hier
und kann nicht anders:
LECKT MICH AM ARSCH)

Das gute alte wort
Von denen
Die nicht aufstecken werden
Trotz alledem
Wie viel zeit bleibt uns noch
Daß wir doch wenigstens in diesem mal
Rechtzeitig dastehen mit unsrem
Nein, verdammt!

da sind
doch
welche
übriggeblieben

wieviel zeit bleibt uns noch
daß wir nicht schon wieder
hinterherhinken der geschichte

mensch leute

es ist doch eigentlich
ist doch: unsere geschichte

(und es ist unser land)

und unter dem pflaster
sind schritte zu hören / hinter mauern werden
gitarren gestimmt
und neue seiten aufgeschlagen / es bleibt noch etwas übrig
(da sind doch noch welche übriggeblieben!)
im feuchten lehm unserer länder
es sind noch welche übriggeblieben
die im rücken der streifenwagen / stehen /
im rücken der uniformen / sind nämlich
: immer welche übriggeblieben / soundsoviel jahre
nach der vorerst letzten erklärung
des totalen winters in deutschland
      soundsowenig jahre / nach der einführung der würde des
      menschen / die unverletzlich ist /
      in deutschland.
ein herbst unter vielen
nach der füsilierung des frühlings / in prag
der exekution des morgenrots / in chile
und ein herbst unter wenigen
nach der einführung kleinerer frühlingsblumen / in spanien
bescheiden – verletzlichen morgenrots / in portugal
der würde des getretenen / in nicaragua

Nationalgarde zerstört. So bleibt nur das Radio.

Am 19.7. ging der Bürgerkrieg zu Ende. Somoza verließ das Land; einen Teil seiner Streitkräfte nahm er mit, der größte Teil ergab sich. Nun ist die Sandinistische Nationale Befreiungsfront an der Macht und versucht mit einer Regierung des Wiederaufbaus die Trümmer zu sammeln, die Herr Somoza hinterlassen hat. Die Hauptstadt Managua und die am Pazifik gelegenen Städte Leon, Matagalpa, Esteli, Chinnendega, Masaya und Rivas sind von den Truppen Somozas bombardiert worden. Die Wirtschaft ist zerrüttet. Das öffentliche Leben muß jetzt nach 45 Jahren Diktatur neu aufgebaut werden. Wir kämpfen mit aller Kraft dafür, daß es ein Aufbau auf der Basis der Menschenrechte wird. Die Sandinistische Befreiungsfront hat sich nach besten Kräften bemüht, die Menschenrechte zu wahren. Man kann es kaum glauben, nach Jahren der durch die Somoza-Garde zugefügten Qualen auf den Gesichtern der Bauern Zufriedenheit und Freude zu sehen. Diejenigen, die für das Verschwinden, die Folterungen und die Tötung von Menschen hauptsächlich verantwortlich waren, haben mit Somoza das Land verlassen. Wie sie wohl mit ihrem Gewissen leben werden?

Das nicaraguanische Volk steht tief in Schuld für die große Unterstützung, die es von den verschiedensten Menschen, nicht zuletzt von Ihnen, den Mitgliedern von amnesty international, erhalten hat. Der internationale Druck zu Gunsten des leidenden Volkes spielte eine

die welt hat
gute ernte eingefahren letztes jahr
idi amin / somoza
macias / bokassa
und den schah
und viele niederlagen eingesteckt

    (pinochet ? videla ? und ?)

V.

In diesem Herbst
hab' ichs drauf angelegt

Briefe zu schreiben, schon wieder,
auch wenn die alte Wut

die Rhythmen etwas durchgeschüttelt hat
auch wenn der neuerwachte Trotz

zu ungeschliffen ist,
um wie von Elfenbein aus einem guten Turm zu klingen

mit Absender
mit Adresse

schreibe hinein
ungelenke und verrutschte Dinge

benutze gröhlend das Telefon
mit Gruß an die Verwalter von Transistor und Vlies

denunziere grinsend
die Existenz von freiem Baum (und Strauch)

die aufbegehrenden Farben
in der Luft

die weiche Haut
meines Mädchens

er wurde auch wirklich zeit
(wir haben nicht mehr viel davon)
die liebesgedichte zu verbrennen)

damit wir neue schreiben können
mit wilder zärtlichkeit und wut
die zäune niederreissen

und vorschlagen
mit neuen feldern das verdorrte land zu überzieh'n
und eine andre luft zu atmen.

und schlagen vor
das schloß ohne den schlüssel
die tür ohne den riegel

fenster ohne gitter schlagen wir vor
ein leeres gefängnis
ein tod ohne opfer

wir schlagen vor
eine sabotage der unterdrückung
ein berufsverbot für KZ-Wärter
einen maulkorb für spitzel
und

eine zensur
für kommandos

Hay un comienzo mas allá de las murallas
Es gibt den Anfang jenseits dieser Mauern.

Wohl einfach
: weil wir am Leben sind.

Und lebendiger als sie alle.

... diese unverdiente Beleidigung, daß Ihr uns für noch dümmer gehalten als Ihr selber seid, das ist die schlimmste Beleidigung ...

Heinrich Heine, 18.10.1832

Urs M. Fiechtner / Claus Magiera / Sergio Vesely

Suche nach M.

Schriften für amnesty international 2
Mit Vorworten von Ingeborg Drewitz und Inge Aicher-Scholl
Graphik von Ina-Maria Mihályhegyi-Witthaut

ISBN 3-88233-101-1

Es wird kaum mehr möglich sein, dieses Buch unbeschadet aus der Hand zu legen, es zu schließen wie dutzende von Büchern zuvor und zum Alltag zurückzukehren. Mit einer nahezu dämonischen Präzision ist es den Autoren gelungen, uns ein Fenster zu öffnen in die Realität, in den Alltag dieser unfaßbaren Zerstörungsmaschinerie der politischen Verfolgung. Das Prinzip, das bereits dem ersten Band (an-klagen) zugrunde lag, ist hier konsequent weiterentwickelt worden. Die drei Autoren haben sich nicht darauf beschränkt, eine Realität zu schildern, sondern es unternommen, uns diese Welt transparent zu machen, so transparent, daß es einigen Mut abverlang, in diese Texte einzutauchen, ohne an ihnen zu ersticken. Die Autoren haben ihr Handwerkszeug – die Sprache – dazu eingesetzt, eine Stein aus der Mauer des Schweigens und der Teilnahmslosigkeit zu brechen. Und es ist ihnen gelungen.
Rund ein Drittel des Buches entstand in chilenischen Konzentrationslagern, Gedichte und Lieder, die uns bisher völlig unbekannte Aspekte des Lebens hinter den Mauern, hinter dem Stacheldraht vermitteln.
Ina-Maria Mihályhegyi-Witthaut, bekanntgeworden durch ihre Kafka- und Brecht-Interpretationen, schuf zu einer Auswahl der Texte eigenständige Graphiken, die weit über das Genre der Illustrationen hinausgehen und einen gelungenen Versuch darstellen, das Medium der Sprache umzuarbeiten und in Dimension des Bildes zu übertragen.
Dieses Buch ist ohne Zweifel eines der brisantesten Beispiele ‚notwendiger Literatur', das wir kennen. Es ist aber nicht nur ein beispiellos eindringlicher Aufruf zur Solidarität, sondern auch ein Lehrbuch im besten Sinne des Wortes für alle jene, die sich bereits in der Solidaritätsarbeit engagiert haben. Wie bereits bei an-klagen haben auch hier alle Autoren auf die ihnen zustehenden Honorare zugunsten von ai verzichtet.

Sergio Vesely

Jenseits der Mauern

Überlebens-Lieder aus Chile
Übersetzt und bearbeitet von Urs. M. Fiechtner

ISBN 3-88233-106-2

No seas cantor vendido!
Sei kein verkaufter Sänger!

Eine Zeile aus einem Lied von Sergio Vesely, die für alle seine Lieder steht. Es hat sich nicht verkauft, einer der Gründe, warum man ihn in seiner Heimat verfolgte, einsperrte und schließlich in die Verbannung schickte. Die meisten Lieder, die Sergio heut singt, sind in seiner 22-monatigen Haft als politischer Gefangener entstanden. Sehr authentische Lieder somit, die den Umstand ihrer Entstehung nicht verleugnen, aber sehr weit über ihn hinausweisen. Ihre feine inhaltliche und formale Struktur unterscheidet sie detulich von der traurigen Marschmusikmentalität vieler berühmter Widerstandslieder, was aber nicht heißen soll, daß in ihnen nicht ein hoher kämpferischer Wille zum Ausdruck käme. So gehören die Lieder von Sergio Vesely neben den Liedern der Parras, eines Victor Jara oder Daniel Viglietti zweifellos zu den qualitativ besten – und musikalisch schönsten – die im deutschsprachigen Raum aus Lateinamerika zu hören sind. Auch auf der bisher arg vernachlässigten Ebene der singbaren Übersetzungen ins Deutsche ist hier ein Durchbruch gelungen: Zu vielen seiner Lieder schufen Urs. M. Fiechtner und Claus Magiera Übersetzungen, die Charakter und Inhalt der Texte brilliant in unsere Sprache übertragen.

In diesem Tagebuch findet sich eine Sammlung seiner wichtigsten Lieder, zusammen mit den dazugehörigen Noten, Graphiken, Originaltexten und Übersetzungen.

Urs M. Fiechtner / Claus Magiera

an-klagen

Schriften für amnesty international 1
Mit Vorworten von
Jean Améry und Helmut Frenz
Illustriert von Albrecht Kneer

ISBN 3–88233-100–3

'. . . was wir erfahren, ist von so furchtbarer Deutlichkeit, daß wir augenblicksweise die Neigung verspüren, über nichts anderes mehr zu lesen, die hohe, höchste Literatur zu dem Übrigen zu legen und uns zu sagen, daß in einer Welt, wo es dem Menschen so ergehen kann, kein anderes Wort mehr gelten darf als das der klagenden Anklage.
Hier ist das Wort selbst Ereignis, und zwar nicht als Wort, sondern als einbrechendes Geschehen. Der Autor verschwand beispielhaft: das blutige Begebnis allein ist noch da, fordert uns an, so daß selbst müde Stimmen jählings ihre alte Kraft wiedergewinnen und einstimmen in eine Klage, die mit jedem Wort Anklage ist.
Daß diese Texte zu Flammenzeichen werden, ist mein Wunsch und – trotz trister Kenntnis des Menschenherzens – meine Hoffnung.'

Jean Améry über an-klagen
Das Buch, mit dem alles begann. Acht deutsche und lateinamerikanische Autoren taten sich zusammen, um ein Buch für amnesty international zu schreiben: Texte, Lyrik und Prosa, über politische Verfolgung, Folter, Verschleppung, Haft. Jeder der Autoren wußte, über was er da schrieb, sei es, weil er als Mitarbeiter von ai Jahre hindurch mit diesem Thema zu tun hatte (viele Texte aus diesem Buch basieren auf Fallunterlagen von amnesty), sei es, weil er als ehemals politisch Verfolgter oder Gefangener sein eigenes Schicksal reflektierte.

Gewiß kein Lesegenuß. Ein explosives Gemisch aus Texten, Essays, Pamphleten, bissigen und ironischen, anklagenden und zynischen Schmierereien an den Mauern der Konzentrationslager sowohl wie an den Toilettenwänden mondäner Vergnügungslokale.

Gewiß ein besonders Buch. Denn es geht hier nicht um 'ästhetisch durchreflektierte Eitelkeiten von Schriftstellern' (J. Améry), sondern um die nackte Haut politisch Verfolgter in aller Welt. Und um unsere eigene, die gesunde, die wohlbekleidete Haut. Die Autoren haben auf alle ihre Honorare, Tantiemen zugunsten von ai verzichtet.

Matthias Franck / Wolfgang Weismantel

Kopf und Herz
Lieder, Noten und Notizen
Herausgegeben von Claus Magiera

ISBN 3-88233-104-6

Lieder aus alten und neuen Zeiten, Lieder für Kinder und jedes andere Alter, wütend und bissig in der Aussage, aufrüttelnd und gleichzeitig nachdenklich stimmend, manchmal 'nur' lustig oder einfach lyrisch schön. Eben: Lieder, wie Lieder sein sollten.

Kein Agitationsrumsdadalieder mit einer Zweigriff-Begleitung, sondern differezierte Texte mit ausgefeiltem musikalischen Hintergrund, mit Melodien, die sich in den Kopf graben, die nicht so schnell zu vergessen sind. Lieder nicht nur zum Hören, sondern vorallendingen zum Lernen und Selbersingen.

Einiges wird den Anhängern deutscher Volksmusik nicht unbekannt sein. Tina, Heinz und Frank, das Trio, aus dem Matthias stammt und für das er zusammen mit Wolfgang Weismantel die Texte schrieb ist von vielen Festivals, Rundfung- und Fernsehauftritten her in den letzten Jahren ein Begriff geworden. Ihre erste LP (songs für amnesty) haben sie dieser Menschenrechtsbewegung zur Verfügung gestellt, in der sie auch selbst aktiv mitarbeiten und für die sie immer wieder Benefizkonzerte geben. Aber diese Lieder brauchen keinen Kommentar, sie sollen gesungen werden an jeder Ecke, auf allen Straßen!

Urs M. Fiechtner / Sergio Vesely

xipe totec
Legenden, Mythen, Märchen der Sonnenvölker Lateinamerikas

ISBN 3-88233-105-4

Xipe Totec, Unser Herr der Geschundene, so heißt eine der uralten Legenden der Azteken, Mayas, Incas und Araucaner, die in diesem Buch neubearbeitet oder neugedichtet zusammengefaßt wurden. Über den Titel hinaus fällt es schwer, einen Rahmen zum Inhalt dieser Textsammlung benennen zu wollen.

Aus den bruchstückhaft überlieferten Legenden, Mythen und Märchen der lateinamerikanischen Sonnevölker haben die Autoren Texte geschrieben, die nur schwer mit den bereits vorhandenen Beispielen dieses Generes verglichen werden können, ja, vielleicht haben sie sogar ein neues Genre erschaffen, eines, das über die uns bereits bekannten Elemente der präkolumbischen Kulturen hinausreicht.

Es sind große Erzählungen, in einer schwermütigen Sprache geschrieben, Erzählungen von der Urzeit, der Liebe und dem Widerstandskampf der roten Völker, Märchen von den großen Taten und der Not der roten Stämme, Legenden von der Erschaffung der Erde und Mythen, die von der festen Gewißheit des lateinamerikanischen Indios handeln, eines fernen Tages wieder Herr in seinem Kontinent zu sein.

Es ist kein Buch für jedermann. Wer es lesen will, darf seine Phantasie und seine Fähigkeit zum Träumen nicht auf dem Asphalt unserer Zivilisation verloren haben. Und er darf keine 'Märchen' oder Heldenepen erwarten, wie sie ihm aus dem aben- und morgendländischen Bereich sattsam bekannt geworden sind.

Urs M. Fiechtner / Sergio Vesely

Puchuncavi

Theaterstücke aus einem chilenischen KZ

ISBN 3-88233-103-8

Wir wissen viel über den Tod hinter den Stacheldrahtverhauen der Konzentrationslager. Was aber wissen wir vom Leben, vom Überleben hinter den Barackenwänden? „Theaterstücke aus einem chilenischen KZ". Dieser Satz will zweimal gelesen werden, um seine volle Bedeutung zu erfassen: daß es möglich war, im innersten Herrschaftsbereich der Unterdrückung, im Zentrum der physischen und psychischen Gewalt Kultur zu betreiben, Theaterstücke zu schreiben, Bühnenbilder zu basteln, Lieder zu singen, ist schwer zu begreifen.

Sergio Vesely hat aus der politischen Haft in den chilenischen Konzentratinslagern von Tres Alamos und Puchuncavi einige Theaterstücke ins Exil mitnehmen können, die er dort zusammen mit Künstlern und Nicht-Künstlern geschrieben und aufgeführt hat.

Zusammen mit den Photographien und Graphiken, Dokumenten und Prosatexten, die den Hintergrund zu den Stücken bilden, ergeben die drei in diesem kleinen Band zum ersten Mal veröffentlichten Theaterstücke ein unvergleichlich lebendiges und authentisches Bild von der Kunst des psychischen Überlebens hinter Stacheldraht. Urs. M. Fiechtner und Claus Magiera haben zusammen mit Sergio Vesely die Werke ins Deutsche übertragen, eine mühevolle Arbeit, wenn man bedenkt, wie sensibel und filigran die Metaphern und Anspielungen in diesen Stücken komponiert wurden, um die Zensur der Lagerkommandantur ungestraft passieren zu können. Prosatexte über die Entstehung und den Hintergrund jedes einzelnen Werkes runden das Bild ab und machen aus diesem durch den Stacheldraht geschmuggelten Bändchen ein brisantes, packendes und vorallendingen sehr notwendiges Stück Literatur.